KB210641

네 인생은 주님 것이다

네 인생을 꾸밈 것이다

| 최수현 |

규장

생명을 품는 골짜기 인생은 즐겁다!

"혹시 너, 수현이 아니니?"

찬거리를 사러 시장에 갔다가 반가운 옛 친구를 만났다. 그것도 한국이 아닌 이곳 중국에서 말이다. 중국에는 웬일이냐고 내가 먼저 묻자, 그녀는 남편과 함께 선교하러 왔다고 말했다. 나도 같은 목적으로 왔다고 했더니 친구는 믿기지 않는다는 듯 눈을 동그랗게 뜨며 물었다.

"네가 서… 선교? 어떻게 네가 선교를?"

학창 시절 같은 교회를 다닌 친구가 보인 반응에 서운하지는 않았다. 그럴 수밖에…. 나는 그 친구와는 달리 사치와 화려함을 좇아 달음질하던 사람이었다.

그러나 하나님께서는 내 삶을 바꿔주셨다. 이렇게 주변 사람들을 화들짝 놀라게 할 정도로!

기쁨과 행복을 전염시키는 일

하나님께서는 내가 변할 때까지 잠잠히 기다리시는 것 같았다. 하지만 내 마음대로 사는 것을 더는 두고 보시지 않았다. 세상에서 잘나가던 남편이 뜬금없이 중국으로 선교하러 가자는 청천벽력 같은 소리에 폭풍 전야 같은 긴장과 마음의 고통을 통과하게 하셨다. 선교하러 가자는 소리를 피해 때로는 도망하며, 때로는 하나님의 뜻을 찾기 위해 '몸부림'을 치고 '맘부림'을 했다.

내가 어떻게 여기까지 왔는지 친구에게 잠시 간증을 하자, 친구의 눈가에 어느새 촉촉이 이슬이 맺혔다. 지금 내가 남편에게 감사한 것은 돈을 많이 벌어다준 것도, 호의호식하고 지내며 멋진 집에서 살게 해준 것도 아니다. 딱 하나, 중국에 함께 선교하러 온 것이다. 나는 두세 달도 못 견디고 다시 한국으로 돌아갈 거라는 주위의 예상을 깨고 16년째 중국에서 사역하며 기쁘게 살고 있다.

선교는 주님이 주신 기쁨과 행복을 전염시키는 것이라고 생각한다. 주님의 사랑이 그들에게 흘러갔을 때 그들은 자신들의 죄를 보기 시작했다. 눈물을 흘리며 주님을 찾았다. 그리고 하나님이 주시는 진정한 기쁨을 맛보았으며 그들 역시 그 기쁨과 행복을 자연스럽게 다른 사람들에게 전하려고 했다.

내 인생의 우선순위

주님은 나를 골짜기 한가운데로 인도하셨다. 산꼭대기에는 생명이 없다. 그런데도 흔히 사람들은 아무도 살지 않는 산 정상으로 오르기만 하려고 한다. 나 역시 그랬다. 그러나 깊은 골짜기로 내려가니 그곳에 시냇물이 흐르고 냇가 언덕에 생명이 지천으로 널렸다는 것을 알았다. 온갖 살아 있는 것들이 찾아왔다. 하나님이 살아나게 하신 생명이다. 생명을 품는 '골짜기 같은 인생', 이제 그것이 내 삶의 모토로 자리 잡았다.

나는 지금 마치 에스겔 선지자가 본 환상을 보는 듯하다.

여호와께서 권능으로 내게 임하시고 그 신(神)으로 나를 데리고 가서 골짜기 가운데 두셨는데 거기 뼈가 가득하더라 … 주 여호와께서 이 뼈들에게 말씀하시기를 내가 생기로 너희에게 들어가게 하리니 너희가 살리라 겔 37:1,5

이 책은 골짜기 인생의 즐거움을 그렸다. 서로 산꼭대기로 오르려고만 하는 사람들이 이 책을 읽었으면 좋겠다. 이 책이 깊은 골짜기의 마른 뼈들에 하나님의 생기가 들어가 살아나도록 하는 일, 우리 주님이 데려가시는 그곳으로 나도 가겠다고 결단하는 작은 계기가 되기를 소망한다.

　자신의 인생을 스스로 책임질 수 있다거나 별것 아닌 일에 사생결단으로 자신을 걸고 있는 사람이 있다면 이 책이 그의 인생의 우선순위를 바로잡는 데 조금이나마 도움이 되었으면 좋겠다. 그것은 우리 인생의 첫째 자리를 되돌리는 일이다. 우리 인생의 첫째는 바로 우리 주 예수님이시기 때문이다.

　이 책에 나오는 등장인물의 이름은 신변 안전상 가명을 사용했음을 밝혀둔다.

중국에서
최수현

하나님께서 손수 빚으시는 인생

대학 시절, 나는 선배가 주동하는 시위에 돌을 던지러 나가거나 밤중에 대자보를 붙이러 다니며 술과 담배에 절어 지냈다. 그러던 어느 날 대학교 동창의 소개로 지금의 아내를 만나 정신을 차리기 시작했다.

내가 결혼할 때 가장 중요하게 생각한 조건은 아내가 나보다 신앙이 좋아야 한다는 것이었다. 그러나 결혼하고 나서 확인한 것은 우리 둘 다 천국행 티켓만 확보해놓은 채 세상을 깊이 사랑하고 있었다는 사실이다. 나보다 신앙이 좋은 줄 알았지만 별로 나을 게 없었던 아내였다.

하나님은 썩어질 것에 목숨 걸었던 우리를 만지셨고, 서른 즈음에 우리는 하나님의 부르심으로 '본토 친척 아비 집을 떠나' 선교지로 향하게 되었다.

폐품 같은 인생도 걸작품이 될 수 있다!

사람들이 나를 만나면 꼭 묻는 질문이 있다. 어떻게 한창 젊을 때, 인생의 황금기에 선교사로 온 가족이 떠날 수 있었느냐고…. 그러면서 고생이 참 많다고 말한다. 맞는 말이다. 내가 아니라 하나님 입장에서 참 고생이 많으실 것이다. 아무리 눈 씻고 찾아봐도 써먹을 만한 구석이 없는 나를 고쳐가면서 쓰시려니 얼마나 고생스러우시겠는가?

나는 '폐품 같은 인생도 걸작품이 될 수 있다'는 희망을 다른 사람들에게 들려주고 싶다. 누군가의 힘으로 되는 일이 아니라 하나님께서 손수 빚으시기 때문에 가능한 것이다. 내 아내가 바로 그런 사람이었다고 하면 기분 나빠 할지 모르지만 어쨌든 틀린 말은 아니다.

아내의 최대 단점은 씀씀이가 컸다는 것이다. 돈을 써도, 물건을 사도, 옷을 사도 항상 상상을 초월했다. 그래서 주변 사람들을 종종 놀라게 했다. 그런데 최대 단점이라고 생각했던 것이 선교지에서는 최대 장점으로 변했다. 아내는 학생 수십 명에게 밥을 해먹일 때도 문제없이 넉넉하게 준비한다. 밥 속에 복음이 있다고 해도 과언이 아니다.

또 내 아내에 대해 궁금하다는 질문을 많이 받았다. 나야 내가 하고 싶어서 선교하러 왔다고 하지만 어떻게 아내도 기쁨으로 올 수 있었는지 참 대단하다고 말한다. 그런 아내가 더 위대해 보인다는 말도 덧붙인다. 아내가 선교지에 함께 오기까지 갖가지 우여곡절이 있었지만 그 말이 맞다. 아내는 위대하다.

미친 아내의 예수 사랑

나에게 꿈이 있다면 아내 덕 좀 보고 살자는 것이다. 그러려면 아내를 춤추게 해야 한다. 작은 것은 다 져주고 중요한 것만 이기자는 것이 나의 '아내 경영' 철학이었다.

나는 삶 자체가 경영이라고 생각한다. 개인의 인생을 시작으로 부부생활, 가정생활, 직장생활 등 모든 영역이 경영에 속한다. 경영은 리더십이고 그 리더십은 예술이어야 한다. 나만 중심을 제대로 잡고 있으면 되도록 울타리를 넓게 치되 주님이 주신 사명이 있으면 절대로 아내와 타협하지 말아야 한다. 아내가 말린다고 해도 넘어가서는 안 된다. 세상 모든 아내들에게 적용된다고 말할 수야 없지만 나의 아내 경영은 적중했다.

아내는 내가 선교하러 가자는 말에 나에게 큰소리를 쳤다. 그 사랑스럽던 아내가 눈을 흘기며 소리친 지 20년이 다 되어가지만, 아직도 그 말이 내 귓가에 맴도는 것 같다.

"당신, 미쳤어!"

그런데 그런 아내가 지금 나보다 더 미쳐 있다. 예수님에 미쳐 있고, 예수님과의 사랑에 빠져 있다. 선교지로 절대 가지 않겠다고 버티던 사람이 하나님을 사랑하고, 복음을 전하고, 영혼들을 섬기는 데 미쳐 있다.

나는 감히 말하고 싶다. 이 책은 '미친 아내의 예수님 사랑 이야기'라고…. 주님을 향한 순수한 사랑과 헌신에 대해서라면 남자들은 여인들을 당해내지 못한다. 예수님이 십자가에서 돌아가실 때 끝까지 함께했던 사람들은 여인들이었고, 예수님의 부활을 제일 먼저 확인한 사람들도 여인들이었다. 주님의 사명을 받으면 여인들은 죽음도 두려워하지 않을 것이다. 21세기가 지나기 전에, 지구상에 남은 마지막 최후의 한 민족에게 복음을 전하는 이도 여인이 아닐까 하는 상상을 해본다.

성령께서 오순절 마가의 다락방에서 출발 총성을 울리셨을 때 시작된 경주(競走), 열방의 온 족속을 향해 달리는 그 경주의 종료를 알리는 결승 테이프를 끊는 바로 그 순간, 나팔소리와 함께 큰 호령을 하시며 하늘에서 내려오시는 예수님을 기대하자.

최하진
《네 인생을 주님께 걸어라》의 저자

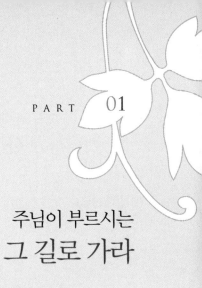

PART 01

주님이 부르시는
그 길로 가라

당장 내가 할 더 좋은 선택은 무엇인가? 내 미래가 어떻게 전개될 것인가 염려하는 것이
아니었다. 나의 불안한 마음을 달래줄 눈에 보이는 어떤 것을 찾는 것이 아니라 주님의 말
씀과 함께하는 것이었다. 주님의 진리를 선택하고 주님의 말씀에 내 마음을 두기로 결심
했다.

CHAPTER 01

허무한 것에 주목하던
인생을 부르시는 주님

아닌 밤중에 홍두깨

여느 날처럼 백화점에서 신나게 쇼핑을 하고 집으로 돌아오는 길이었다. 운전을 하면서도 룰루랄라 콧노래가 절로 나왔다. 마음에 쏙 드는 옷을 샀기 때문이다. 남편이 가격을 알면 아마 뒤로 넘어가겠지만 나를 가꾸기 위해 이 정도쯤은 투자해도 괜찮다고 생각했다.

현관에 들어서는데, 오늘따라 남편이 일찍 퇴근을 했는지 나를 다정하게 맞아주었다. 게다가 저녁까지 손수 차려놓고 기다리고 있었다. 남편이 할 줄 아는 요리라고는 김치찌개 하나뿐이었지만 정성을 다한 것이 눈에 보였다. 웬일인가 싶었는데 식사를 마친 후 남편이 할 말이 있다고 했다. 자못 진지한 표정으로 남편이 말문을 열었다.

"직장을 잠시 그만두고 외국에 1년이라도 나갔다오고 싶어."

뭐 여기까지는 좋았다. 미국 대학에 공동연구 프로젝트가 있어서 가려는가 싶었다. 그런데 그가 내 예상을 완전히 뒤엎고 황당한 말을 하는 것이 아닌가.

"중국으로 한 1년 정도 선교하러 가면 좋을 것 같아."

"뭐, 뭐라고요?"

나는 내 귀를 의심했다.

"아니, 당신 지금 무슨 소리를 하는 거예요? 그런 말도 안 되는 소리 하지 말아요!"

나는 펄쩍 뛰면서 선교에 대해 다시는 입도 뻥끗하지 말라고 못을 박았다.

선교사 남편이라고?

그런데 이 말이 그냥 해본 말이 아니라는 것을 알아차린 것은 며칠이 지나서였다. 그가 정말 심각하게 또다시 선교 이야기를 꺼냈다.

"아는 선배가 중국 대학교에서 교수로 일할 전문인 선교사를 모집한다는 팸플릿을 줬거든. 그런데 그걸 보자마자 '바로 이곳으로 가야겠다!' 하고 가슴에 불길이 이는 거야. 좀 창피한 말이지만, 나 여태껏 누굴 전도해본 적이 없잖아. 그런데 얼마 전에 딱 한 명이라도 전도하고 싶은 소원이 생겨서 기도했는데, 회사 후배가 예수님을 믿게 되었어. 그 기쁨이란 정말 말로 표현할 수가 없더라고! 그리고 선교하러 가고 싶다는 마음이 좀처럼 식지 않아. 아니 자꾸 더 불타오르는데 어쩌지?"

이제는 황당하다 못해 남편의 정신이 이상해진 게 아닌가 걱정스러울 정도였다. 남편의 선교 이야기는 날이 갈수록 더해갔다. 나는 그 말을 들을 때마다 신경질이 났다. 어떤 때는 소리를 빽빽질러댔다.

"정말 나 미치는 거 보고 싶어요? 그 얘기만 나오면 머리가 지끈거려. 뭐 잘못 먹었어요? 진짜 왜 그래요?"

나는 교양이고 뭐고 생각할 겨를이 없었다. 마음 같아서는 몽둥이를 들어서 남편 등짝을 패주고 싶었다. 이런 걸 두고 아닌 밤중에 홍두깨, 마른하늘에 날벼락이라고 하는 건가 싶었다.

'아니, 박사 학위는 괜히 받았나? 연구나 열심히 해서 나라에 공헌할 것이지….'

이런 생각만 들었다. 그 후로 나는 별의별 방법을 다 동원했다. 아예 완전히 무시하거나 벼랑 끝으로 내몰며 갖은 협박을 해보기도 했다.

"그렇게 가고 싶으면 나랑 이혼해요! 난 선교사랑 결혼한 거 아니니까."

이 말에도 남편은 그냥 눈만 껌뻑였다.

남편 때문에 두통이 생길 줄은 미처 몰랐다. 당시 남편은 한국과학기술원(KAIST)에서 화학공학 박사 학위를 받고 대덕 연구단지에서 연구원으로 3년째 일하고 있었다. 능력 있고 성실하고, 사실 흠잡을 데라곤 없는 남편이었다.

'아, 이럴 줄 알았으면 술 마시고 늦게 들어온다고 바가지 박박 긁지 말걸!' 하고 뒤늦은 후회가 밀려오기도 했다. 친구들 집으로 몰려다니면서 밤늦게까지 고스톱 치는 것을 말리지 말았어야 했나 싶기도 했다. 술 마시고 늦게 들어오는 것이 '선교사 남편' 보다는 나을 것 같았기 때문이다.

통제불능 환자

어느 날부터인가 성경을 열심히 읽기 시작하더라니 그것이 화근이 될 줄이야. 그때는 남편이 좀 더 괜찮은 크리스천이 될 것 같아 좋아했는데 선교사라니 이건 도를 넘어서고 있다. 그냥 주일 신자로 지내는 데 만족했어야 하는데, 욕심이 과했나보다. 이제는 믿음직한 신자를 뛰어넘어 '통제 불능의 환자'가 되어 있다.

그런데도 남편은 이런 내 마음을 아는지 모르는지 전혀 요동함이 없었다. 아무래도 선교를 가기로 마음을 굳힌 것 같았다. 하지만 나에게 무조건 갈 테니 따라오기나 하라는 식으로 강요하지는 않았다. 대신 고요한 호수에 돌을 던지듯이 한마디 툭 던져서 내 마음을 휘저었다가 조금 시간이 흐르고 다시 잔잔해지면 또 한마디 툭 던지곤 했다.

"하루라도 젊을 때 선교하러 가는 게 좋을 것 같아."

"아, 내 인생에도 하나님의 꿈이 생기다니!"

차라리 권위적으로 무조건 따라오라고 하면서 끌고 가려 한다면 싸워서 끝장을 보든지 할 텐데, 남편은 그런 점에서 매우 지능적이었다. 그 당시 내 입장에서는 이런 표현도 과하지만은 않다. 남편은 차분히 내 말을 들어주는 것 같다가도 자신의 결심을 굽히지 않은 채 말했다. 어느 날은 당장 직장을 그만두고 떠날 것처럼 속을 뒤집어놓았다가, 또 어느 날은 부드럽게 인생에 대한 질문을 던졌다. 그러다가 또 아무 일도 없었다는 듯이 하던 일에 충실했다.

나의 전술

나는 깊은 갈등과 두려움에 빠져들기 시작했다. 전혀 생각해보지 않았던 길, 내 인생과 전혀 관계없을 거라고 생각한 그 길을 생각하면 너무 혼란스러웠다. 인생이 어떻게 전개될지 답이 나오지 않는 길을 간다고 생각하니 골치가 아팠다. 내 마음대로 사는 것을 멈춰야 한다는 것은 그야말로 고문이었다.

　어느새 나도 그의 마음을 읽고 있지만, 그렇다고 내 삶의 방식을 양보할 수는 없었다. 도저히 바꿀 수 없는 노릇이었다. 그러니 하루빨리 남편의 마음을 되돌려야겠다는 생각만 가득했다.

　나는 남편의 광적인 병을 치료해줘야 한다는 사명감마저 느끼기 시작했다. 그냥 방치했다가는 돌이킬 수 없는 사태로 치달을 수 있기 때문이었다. 드디어 작전을 짜서 실행에 옮기기로 했다.

　첫째는 남편의 기를 죽이는 일이었다.

　틈만 나면 선교사로는 부적절하다는 것을 남편의 뇌리에 심어주려고 노력했다.

　"여보, 선교는 아무나 하는 게 아냐. 당신이 신학을 공부했어? 전도 왕을 해본 것도 아니고! 그냥 교회에서 집사 하면서 헌금 잘 내고 봉사하면 괜찮은 신자라는 소리 듣는데 그렇게까지 신앙생활 할 필요는 없잖아?"

　둘째는 자녀교육에 대한 부담감을 심어주는 것이었다.

　당시 우리에게는 유치원에 다니는 딸이 하나 있었다. 딸아이가 세 살이었을 때부터 바이올린과 피아노 레슨을 시킬 정도로 나의 자녀교육에 대한 열성은 둘째가라면 서러울 정도였다. 선교지에서 어떻게 이런 교육을 시킬 수 있느냐고 아이를 내세우며 이렇게 말하곤 했다.

"대한민국 최고의 아이로 키워야 하는데 너무 무책임한 거 아니에요? 지금까지 배우던 것도 다 그만둬야 하는데, 사람이 좀 이성적으로 생각을 해봐요."

셋째로 나는 할 수만 있다면 주위 사람들에게 도움을 요청했다.

교회 분들을 만나면 남편 좀 말려달라고 부탁했다.

"집사님, 저 정말 큰일이에요. 우리 은혜 아빠가 선교사를 하겠다는 거 있죠? 직장생활이나 잘하라고 제발 좀 말려주세요. 그 사람은 말을 잘하는 사람도 아니잖아요."

넷째로 나는 지저분하고 냄새나는 곳은 못 간다고 버텼다.

워낙 깔끔한 것을 좋아해서 방바닥에 머리카락 한 올 나뒹구는 것을 용납하지 못했다. 친구나 친지가 집에 오는 것조차 껄끄러워할 정도였다. 결벽증 환자에 가까웠다. 그래서 남편에게 내 성격을 강조하면서 절대로 갈 수 없다고 했다.

다섯째로 쇼핑을 할 수 없는 곳으로는 갈 수 없다고 버텼다.

쇼핑의 즐거움을 빼면 삶에 무슨 의미가 있을까. 나는 쇼핑을 할 수 없는 곳은 지옥이지 인간이 사는 곳이 아니라고 생각했다. 나는 1990년대 초반에 강남 압구정동의 유명 백화점 우대고객일 만큼 쇼핑을 즐겼다. 이 쾌락은 아무도 막을 사람이 없었다. 내 돈 내가 쓰는데 누가 뭐라 하겠는가. 남편도 말릴 수 없었다. 그런데 그 남편이 지금 아예 쇼핑을 할 수 없는 곳으로 가자고 하는 거다.

나는 남편을 윽박지르며 말했다.

"내가 쇼핑을 못하면 당신은 아마 밤마다 바가지 긁힐걸. 내 잔소리는 점점 늘어날 테고. 선교하러 가겠다는 생각을 빨리 접을수록 당신한테 좋고 우리 가족의 불행도 막는 일이야. 불행을 자초하는 일일랑 하지 마세요!"

욕심의 끝은 재앙

나의 갖은 협박과 온갖 반대 술책에도 그는 바위처럼 꿈쩍하지 않았다. 오히려 나를 불러다가 진지하게 이야기했다.

"우리가 80년을 살았다고 가정해보자. 그리고 과연 무엇이 남았는지 재고조사를 해볼까? 하나님께 항상 달라고만 했지, 우리가 하나님을 위해 한 일이 뭐가 있을까? 이런 걸 '마이너스 밸런스'(minus balance)라고 하는 거야. 죽는 날까지 우리가 어떻게 하나님의 은혜를 갚겠어? 도저히 불가능하지만 우리가 하늘나라 갈 때 하나님께 그래도 뭔가 할 말이 있어야 하지 않을까? 나는 그저 하나님께서 우리 머리를 쓰다듬으시면서 잘했다고 하시는 그 말씀 한 마디가 듣고 싶어. 나 혼자 하나님 앞에 가까스로 겨우 구원을 받고 죽어서, 주님을 위해 한 일도 하나 없이 그저 머리만 조아리고 긁적거려서야 되겠어?"

이 말을 들으면서 나는 망치로 뒤통수를 한 대 얻어맞은 것 같왔다. 그는 더 이상 내가 알고 있던 남편이 아니었다. 예전에 우리의 대화는 주로 "어디로 놀러갈까?" 아니면 "어느 지역에 부동산 투자를 할까?"였다. 그런데 이제는 그런 것에 전혀 관심이 없어진 남편이 내 앞에 떡하니 앉아 있는 것이 아닌가. 얼굴 생김새는 그대로인데 그는 완전히 다른 사람이 되어 있었다.

그는 계속해서 말을 이어갔다.

"세상에는 만족이 없어. 뭐 하나 이룬 것 같으면 또 욕심이 생기고, 욕심의 반복이야. 이사야서에 이런 말씀이 있더라."

그러면서 성경말씀을 인용했다.

가옥에 가옥을 연하며 전토에 전토를 더하여 빈틈이 없도록 하고 이 땅 가운데서 홀로 거하려 하는 그들은 화 있을진저 사 5:8

"결국 욕심의 끝은 화(禍)야. 재앙이라는 말이지. 당신이나 나나 이 사회에서 특권을 누리면서 사는 사람들이라고 생각해. 당신은 미술학원 원장으로 젊은 나이에 큰돈을 만지는 사업가가 됐고, 난 20대에 박사 학위를 받아 사람들의 부러움을 샀지. 그것도 부족해서 부동산 사들이는 데 눈이 멀기 시작해서 끝없는 욕심과 탐욕의 여행을 이어갔고 돈으로 우리 자신을 남용하기에 이르렀어. 성경은 분명하게 그 결말을 말해주고 있어. 욕심에서 비롯된 세상

적 대박은 천국에서는 쪽박이야. 우리는 복이라 생각하고 마셔댔지만 그것은 우리를 죽게 만드는 독극물이었어."

그는 계속 말을 이었지만, 나는 더 이상 들을 수가 없었다. 이 제껏 삶 자체를 더 즐기고 더 벌기 위해 끝없이 허덕이던 내 자신이 보이기 시작했기 때문이다. 나는 여전히 그곳에 머물러 있었지만 남편은 거기서 서서히 빠져 나오고 있었다. 남편은 롯처럼 소돔과 고모라를 떠나고 있는데, 나는 여전히 뒤를 돌아보는 롯의 아내로 머물러 있었다.

롯의 아내는 뒤를 돌아본 고로 소금 기둥이 되었더라 창 19:26

허무한 것에 주목하는 인생

하지만 나는 롯의 아내처럼 소금 기둥이 되고 싶지는 않았다. 그날 이후로 나는 진지하게 고민하기 시작했다. 갈피를 잡지 못하고 헤매는 내 마음을 어떻게든 정리해야 했다. 남편이 출근한 후 서재에 들어갔다가 의자에 앉아 남편과 함께했던 지난날을 떠올려보았다.

나는 남편과 4년 연애 끝에 20대 중반에 결혼했다. 시부모님은 강남에 우리가 살 아파트를 마련해주셨고, 그 즈음에 삼성동에 개원한 미술학원은 시작할 때부터 잘됐다. 우리는 결혼 초부터 경제적으로 넉넉했고, 남편은 부동산에 투자하여 더 많은 돈을 벌었다. 그러자 나는 쇼핑에 취해 살았다. 주말이면 여행도 많이 다녔다. 자동차 트렁크에는 여행용 가방을 실어놓고 언제든 떠날 준비를 했다. 그리고 매년 해외여행을 다니며 인생을 즐기는 계획을 세우는 것이 취미였다.

그러다가 남편이 박사 학위를 받고 나서 대전에 있는 대덕 연구단지로 이사를 오게 되었다. 당시 서울에 있던 아파트를 전세 놓고, 우리는 그 돈으로 대전에 아파트를 한 채 더 샀다. 대전 집은 연구소에서 관리비에 전화비에 이르기까지 지원해주니 따로 생활비가 들지 않았다. 오직 먹고 즐기고 재산을 늘리는 데만 몰두하기에 좋은 환경이었다. 그런데 남편은 해가 갈수록 하나님의 말씀을 깨달아갔다.

한참 생각에 잠겨 있다가 책상을 보니 너무 지저분했다. 정리나 해줄까 하고 치우다가 이런 낙서를 발견했다.

"시간이 흐를수록 내 영혼은 햇볕에 말라비틀어지는 풀과 같구나. 누군가가 내 목을 조여 오듯 가슴이 답답하다. 연구 과제를 해결해도 기분이 좋기는커녕 다 덧없는 일들인데…."

갑자기 그가 KAIST에서 박사 학위를 받았을 때의 일이 떠올랐다. 1989년 2월 말, 눈이라도 내릴 듯 잔뜩 흐린 날이었다. 그러나 그는 별로 기뻐하는 기색이 없었다. 왜 그러느냐고 물었더니 그에게서 예상치 못한 대답을 들었다.

"박사 학위 받으면 좋을 줄 알았어. 성취감에 도취될 것 같았어. 그런데 오히려 더 허탈하고 가슴이 텅 빈 느낌이야. 이럴 줄 알았으면 하나님 일이나 더 열심히 할 것을….."

남편은 기도하면서 하나님께 이런 질문을 받았다고 한다.

"하진아, 네가 지금까지 나를 믿는다고 하면서 너는 너만을 위해서 살아왔다. 그러니 이제부터는 나를 위해 살아보렴. 절대 허무하지 않을 거다."

나는 그가 몇 년 전부터 진지하게 고민하고 있었다는 사실을 떠올리게 되었다. 그렇지만 나는 당시 그의 고민에 아랑곳하지 않았다. 그런 생각은 누구나 잠시 한두 번쯤 할 수도 있을 거라 생각하고 그의 고민을 애써 무시했던 것이다.

네가 어찌 허무한 것에 주목하겠느냐 정녕히 재물은 날개를 내어 하늘에 나는 독수리처럼 날아가리라 잠 23:5

산 넘어 산

내가 풍요와 안정을 포기하기 싫어서 하나님과 줄다리기를 하는 동안, 그는 점점 하나님 편이 되어가는 것 같았다. 남편이 이번에는 선교훈련을 받겠다고 말했다. '한국 전문인 선교훈련원'

(GPTI)이라는 곳이었는데, 목회자가 아닌 전문인 신분으로 선교를 할 수 있도록 돕는 선교훈련 단체였다.

저렇게까지 고집을 부리는 사람이 아니었기 때문에 나는 그의 행동에 상당한 충격을 받았다. 남편은 이제껏 쓸데없는 고집을 부린 적도 없었고, 내 말을 잘 들어주는 사람이었다. 지금까지 내가 백화점에 가서 아무리 돈을 펑펑 써도 싫은 소리 한 적이 없다. 내가 하고 싶어 하는 일을 막은 적도 없었다. 오히려 내가 해외여행을 가고 싶다면 손수 비행기표를 끊어주고 잘 다녀오라고 할 정도로 나를 지지하던 남편이었다.

그런데 이번 일은 내가 아무리 소리를 빽빽 질러도, 이를 바득바득 갈면서 반대를 해도 그는 차분하게 대응했다.

"선교는 못 가더라도 그냥 선교에 대해 알고 싶어서 등록한 거니까 너무 걱정하지 마."

이렇게 말하는데 어떻게 계속 반대할 수 있다는 말인가. 나는 그가 신교훈련 받는 것을 넋 놓고 바라볼 수밖에 없었다.

그날 이후 나는 그에게 일부러 아침밥을 해주지 않았다. 아니 밤늦게까지 잠을 설치니 일어나면 남편이 출근한 뒤였다. 그런데도 그는 한마디 불평이 없었다. 그런데 아예 싸움이 안 되니까 더 괴로웠다.

어느 주일이었다. 예배를 마친 뒤 남편에게 말하지 않고 혼자서 바람이나 쐬러 갈까 했다. 주차장에서 나오기 위해 후진을 하는데 뒤를 제대로 안 보고 나오다가 지나가는 버스와 충돌하고 말았다. 그 순간 '나 죽는구나!' 싶었다. 차가 한 바퀴 빙 돌다가 간신히 멈추어 큰 사고는 면했다.

'혹시 내가 하나님의 명령에 불복종해서 경고하시는 것이 아닌가?'

속으로 이런 생각이 들었다가도, 남편이 내 마음을 긁어놓으니 사고가 난 것은 다 남편 탓이라고 떠밀었다. 그러면서 남편이 눈치가 있다면 깨닫고 제발 제자리로 돌아오기를 바랐다.

그러나 나의 차 사고에도 남편은 아무 요동이 없었다. 그는 매주 토요일 대전에서 서울까지 선교훈련을 받으러 갔다. 나도 그때마다 남편을 따라 갔지만 목적은 달랐다. 그가 열심히 선교훈련 받는 시간에 나는 열심히 쇼핑을 했다. 친척집에서 하룻밤 자고 서울에서 다니던 교회에서 주일예배를 드렸다. 최대한 서울에 오래 머물기 위해 주일 자정이 되어서야 대전으로 가곤 했다.

뭐가 그리 기쁠까?

나는 집안일도 가정부를 들여서 해결하곤 했다. 참 편하게 살았다. 아주머니는 하나님을 믿는 분이었는데, 궁금한 것이 하나 있었다. 단칸방에 네 식구가 모여 살면서도 날마다 기뻐하는 것이다. 돈도 없고 남편도 무능한데 뭐가 저리 기쁠지 이해되지 않았다.

아주머니는 청소를 하면서도 콧노래를 흥얼거렸다. 잠시 쉬는 시간이면 내게로 와서 화사한 얼굴로 간증하는 일이 많았다. 내용은 늘 감사하고 기쁘다는 이야기가 주를 이루었다. 아주머니는 나보다 많이 배우지 못했고 가진 게 없는 분이었지만, 나보다 성경을 더 많이 알고 있었다. 남편 때문에 속이 뒤집히다가도 아주머니가 들려주시는 이야기를 들으면 기분이 한결 나아졌다.

하루 벌어 하루 먹고 살아가는 아주머니의 하나님은 나의 하나님과 다른 분인가 싶었다. 내가 만약 아주머니의 처지였다면 기뻐할 수 없을 거라는 생각이 들었다. 내가 아주머니가 누리는 기쁨의 비밀을 이해하는 데는 시간이 좀 더 필요했다.

CHAPTER 02

주의 낮을
어찌 피할 수 있을까?

마음을 휘젓는 일

어릴 때부터 웅변을 해서 그런지, 나는 꽤 논리적인 편이었다. 남편은 말싸움으로는 나를 이겨본 적이 없다. 나는 연애할 때는 물론이고 결혼하고 난 뒤에도 그와 싸워서 한 번도 져본 적이 없는 '불패신화'를 이어가고 있었다.

그런데 어느 날부터인가 그가 싸우는 방법을 바꾼 뒤로 나는 점점 지쳐갔다. 그는 내 감정을 상하게 하지도 않을 뿐만 아니라 논리로 맞서지도 않았다. 오히려 내 말을 들어주고 자기고집을 내세우는 법이 없었다. 그러다보니 내 목소리만 공허하게 허공에 울렸다.

남편이 결단한 뒤로 이 일이 계속해서 내 속을 휘저었는데 마

치 허리케인이나 토네이도 같았다. 마음에 평안이라고는 조금도
찾아볼 수 없었다.

하나님께 으름장 놓기?

나는 정신을 차리고 지금 할 수 있는 일이 무엇인지 차분히 생
각해보았다. 그렇다고 이혼할 수는 없는 노릇이었다. 난 오랫동안
고이고이 묻어두었던 '기도'라는 연장을 꺼내들었다.

"제발 남편이 정신 좀 차리게 해주세요. 저 진짜 미치기 일보
직전이에요. 남편에게 선교사는 정말이지 어울리지 않아요. 보세
요, 자격도 안 되잖아요. 더 훌륭한 선교사감이 세상에 얼마나 많
은데요."

나는 하나님께 울부짖었다. 사실 기도가 아니라 내 마음을 하
나님께 쏟아놓는 시간이었다. 중국에는 절대 가고 싶지 않으니 제
발 나 좀 살려달라는 애원을 몇 날 며칠 해댔다.

"하나님, 제 남편을 제발 원래대로 놀려주세요. 중국 사람들
이 어떤 사람들입니까? 도무지 속을 알 수 없는 사람들이잖아요.
하나님이 없다고 주장하는 무신론자들인 데다가 하나님 믿는 사
람들을 감옥에 가두기도 하고, 그 민족에 무슨 선한 것이 있나요?
게다가 그들이 좋아한다는 빨간 색깔은 제가 제일 싫어하는 색이
에요. 베이징이나 상하이라면 또 몰라도 은혜 아빠가 가려고 하

는 곳은 물도 안 좋고 공기도 나쁘다고 하는데, 우리가 왜 사서 고생을 해야 하나요? 하나님은 당신의 자녀가 고생하는 것을 즐기는 악취미가 있으신가요? 전 정말 지저분한 곳은 딱 질색이에요. 계속 그렇게 가라고 하실 거면 차라리 저를 하늘나라로 데려가주세요!"

이제는 아예 하나님께 이런 식으로 으름장을 놓았다.

남편의 장점 찾기

한번은 교회 목사님이 설교 도중에 게임 한 가지를 제안하셨다. 각자 종이쪽지에 자기 이름을 써서 바구니에 넣은 다음 돌아가면서 다른 사람의 이름이 적힌 쪽지를 집어 드는 것이다. 그리고 쪽지에 적힌 그 사람의 장점 5가지를 쓴 다음 상대방을 찾아가 말해주라고 하셨다.

서로 얼굴을 모르는 사람이 없을 정도로 작은 교회였기 때문에 가능했던 게임이다. 드디어 내 차례였다. 누구일까 호기심어린 마음으로 쪽지를 펴보니, 아주 낯익은 이름이 눈에 들어왔다. 공교롭게도 그 이름은 '최하진', 바로 내 남편의 이름이었다.

처음으로 남편의 장점을 생각해보는 기회였다. 한두 개라면 몰라도 어떻게 다섯 개씩이나 쓸 수 있을까 싶었다. 그러다 '어, 이런 장점이 있었네' 하면서 나 스스로도 놀라 그때부터 술술 적어나갔다. 나는 남편에게 다가가 내가 적은 남편의 장점을 하나하나 읽어주기 시작했다.

"첫째, 당신은 하나님을 위해 살고 싶어 하는 사람입니다. 둘째, 당신은 학벌이나 빈부격차를 떠나 누구하고도 잘 지내는 친근한 사람입니다. 셋째, 당신은 자기 분야에서 탁월한 능력을 발휘하는 사람입니다. 넷째, 당신은 남을 이끌기보다는 도와주는 것을 즐거워하는 사람입니다. 다섯째, 당신은 권위적인 가장이 아닌 자상한 남편, 자상한 아빠입니다."

다섯 가지로 끝났어야 할 장점은 계속 이어졌다.

"여섯째, 당신은 거짓말을 하면 얼굴에 표가 나서 나를 절대로 속일 수 없는 사람입니다. 일곱째, 당신은 주말마다 가족과 같이 시간을 보내려고 애쓰는 가정적인 남편입니다. 여덟째… 아홉째… 열째…."

이 일을 계기로 나는 남편을 다시 보게 되었다. 남편이 장점이 참 많은 사람이라는 것을 새롭게 알았다. 그동안 남편에게 무심했다는 생각에 한편으로 미안한 마음도 들었다. 나는 그 장점들을 읽으면서 나도 모르게 '이 사람이야말로 선교사로 정말 적합하겠다'라는 생각이 들었다. 내가 남편이 선교사 자격이 없다고만 기도하니까 마치 하나님께서 내게 그가 선교사로서 합당한 자격이 있는 사람이라고 알려주신 것만 같았다.

나는 그날 목사님이 하신 설교 본문을 지금도 기억하고 있다.

그러므로 그리스도 안에 무슨 권면이나 사랑에 무슨 위로나 성
령의 무슨 교제나 긍휼이나 자비가 있거든 마음을 같이하여 같
은 사랑을 가지고 뜻을 합하며 한마음을 품어 아무 일에든지 다
툼이나 허영으로 하지 말고 오직 겸손한 마음으로 각각 자기보
다 남을 낫게 여기고 각각 자기 일을 돌아볼 뿐더러 또한 각각
다른 사람들의 일을 돌아보아 나의 기쁨을 충만케 하라 빌 2:1-4

오직 겸손한 마음으로 나보다 남을 낫게 여기라는 말씀이 내
마음에 쟁쟁하게 울렸다.

혹시 하나님이 부르셨다면?
그날 이후로 '혹시 정말 하나님이 남편을 부르셨다면 나는 어
떻게 반응해야 할까?'에 대해 고민하기 시작했다. 그 '혹시'라는
것이 나를 두렵게 만들기 시작했다. 그전까지는 남편이 겁도 없이
나선다고 생각했지만 만에 하나 하나님이 작정하셨다면….
생각이 여기까지 미치자 덜컥 겁이 났다. 갑자기 하나님이 두
렵고 기도하기도 무서웠다. 하나님의 낯을 피하고만 싶었다. 왠지
하나님과 얼굴을 마주하게 되면 나를 보자마자 중국에 가라고 말

씀하실 것만 같았다. 내 귀에 확성기를 갖다대고 말씀하실 것 같아 성경도 멀리했다.

나는 하나님의 음성을 들을 수 있는 모든 채널을 차단시켜야겠다고 생각했다. 교회에서 개인 기도를 하는 시간에도 내가 하고 싶은 말만 했다. 그건 기도가 아니라 하나님께서 나에게 말씀하지 못하도록 만들어내는 소음이었다. 그런데 하나님께서는 내가 전혀 생각하지 못한 방법으로 나에게 하나님의 뜻을 전하셨다.

기도 시간에 눈을 감는데, 뜬금없이 주일학교 때 선생님의 모습이 떠올랐다. 그 선생님은 요나에 관한 설교를 하고 있었다.

"하나님께서 요나에게 말씀하셨어요. '요나야, 너는 니느웨라는 도시로 가서 외치거라. 그곳에 사는 사람들이 너무 많은 죄를 짓고 있구나.' 그런데 요나는 하나님 말씀을 듣고도 하나님의 얼굴을 피해 다른 곳으로 도망쳤어요…."

내가 초등학교 4학년 때, 주일학교 선생님이 들려주신 요나 이야기를 듣고 결심한 바가 있었다. "나는 절대 요나같이 어리석은 사람이 되지 않을 거야!"라고 말이다. 그러나 지금 내 모습은 요나와 너무 똑같았다. 니느웨에 가기 싫다고 버티던 요나처럼, 중국 하면 떠오르는 이미지는 내가 아주 질색하는 것들이라 왜 하필 중국이냐고 불평하기도 했었다.

나는 탄식이 절로 나왔다. 긴 한숨을 내쉬며 주님께 이렇게 말했다.

"주님! 결국 제가 나쁜 사람이었군요. 다름 아닌 제가 '요나'였어요. 제발 저를 중국보다 더 고생스러운 곳으로 보내지는 마세요."

나는 그렇게 하나님 앞에 항복했다.

1년 아니라 3년?

남편에게 내 마음을 이야기했을 때, 그는 자신의 기도에 하나님이 응답하셨다면서 어린아이같이 좋아했다.

그렇지만 솔직히 가고 싶은 마음이 생긴 것이 아니라 다만 더 큰 고생이 기다릴 것 같아 사전에 이론적으로 항복한 것이었다. 하나님의 주권을 아는데 더는 생떼를 쓸 수 없었다. 나도 하나님의 뜻이라면 가야 한다는 의무감은 가지고 있었다. 하지만 마음에서 우러나오지 않은 나의 이 결정은 여전히 나를 두통에 시달리게 했다.

너는 일어나 저 큰 성읍 니느웨로 가서 그것을 쳐서 외치라 그 악독이 내 앞에 상달하였음이니라 욘 1:2

그런데 그걸로 끝이 아니었다. 남편은 내 기분을 가만히 살펴더니 슬쩍 말을 건넸다.

"여보, 아무래도 1년은 너무 짧은 것 같아. 이왕 가는 거, 한 3년은 해야겠어. 군대 갔다 오는 셈치고 말이야."

"간신히 마음잡고 1년 가는 데 동의했는데, 그건 또 무슨 소리야?"

나는 남편이 또 무슨 말을 하려는가 싶었다.

"생각해봐. 우린 아직 젊은데 1년은 너무 짧지 않아? 조금 익숙해지자 돌아오는 셈이잖아."

"그래도 그렇지. 3년이 얼마나 긴 세월인데? 나는 감옥생활하듯 해야 하는데 말이나 돼?"

"일단 1년 지내다보면 적응이 될 거야. 너무 지레 겁먹지 말자. 그리고 우리가 어딜 가도 굶어죽겠어? 3년 뒤에도 분명히 하나님이 최선으로 인도하실 거야."

"몰라!"

나는 속은 기분이 들어 부들부들 떨었다. 누굴 약 올려도 유분수지, 처음부터 3년 다녀오겠다고 할 것이지 고민을 일단락하고 났더니 또 웬 우박이 이리 쏟아지는지. 선교하러 나가겠다는 남편의 날벼락에, 요나를 통한 하나님의 협박에, 3년이라는 우박까지…. 아, 아무래도 나를 말려죽일 모양인가보다.

남편 꾀기 작전 재개

그뿐만이 아니었다. 남편은 당시 미국 스탠포드대학교에서 공동연구를 위해 초청받은 상태였다. 게다가 대덕의 연구소에서 현지 생활비까지 지원해주겠다는 엄청난 대우까지 약속했다. 그 말을 듣고 정말 기분이 좋았는데, 남편의 한마디가 찬물을 확 끼얹었다.

"그런데 여보, 나 그거 안 받았으면 해."

"아니 그게 무슨 소리야! 월급 나오지, 생활비 나오지, 현지에서 연구비 나오지. 우린 그야말로 꿩 먹고 알 먹는 거야."

"그래도 그 돈을 받으면 다시 대덕 연구소로 돌아와야 한다는 조건이 붙는 거잖아."

남편이 말했다.

"그럼 일단 지원은 받고 끝나고 나서 사표 내겠다고 하면 되잖아."

"그럴 순 없어. 내 양심에도 걸리고…. 많이 기도해봤는데 하나님이 양다리 걸치지 말라고 하시는 것 같아서…."

나는 순간, 이때가 기회다 싶었다. 당시 남편의 연구소 소장님도 미국에서 대학 교수로 계시다가 선교사로 헌신했지만 그 뒤 한국에서 연구 소장으로 청빙을 받아 사역을 그만두고 이곳에 왔다는 이야기를 들은 적이 있었다.

나는 남편 꾀기 작전으로 들어갔다.

"이거야말로 하나님께서 당신이 선교사로 헌신하는 것을 처음부터 다시 생각하라고 말씀하시는 사인 아니겠어?"

"음…. 정말 진지하고 심각하게 기도해봐야겠어."

남편이 내 말에 술술 넘어가는 것처럼 보였다. 그래서 나는 쐐기를 박으려고 말했다.

"그래, 잘 생각했어. 하나님이 이렇게 좋은 길을 열어주시는 것을 보면 당신은 선교사의 길이 아니라 학자의 길이 맞아. 아무리 생각해도…."

"……."

남편은 아무 말도 하지 않았다. 내 말에 대꾸하기보다는 깊은 생각에 젖는 듯했다. 나는 속으로 쾌재를 불렀다. 드디어 남편이 제정신을 차리고 돌아올 것 같다는 기대로 부풀어 올랐다.

나 역시 하나님께 더 열심히 기도했다.

"하나님, 아무래도 남편은 아니지요? 그의 달란트는 연구하고 가르치는 것이지 선교는 아닌 것 같아요. 은혜 아빠를 잘 좀 인도해주세요. 아직 어린아이 같아서 하나님의 뜻을 잘 분별하지 못하는 것 같거든요."

속절없는 백기 투항

남편은 결국 연구소에 사직서를 냈지만 연구소장님이 사직보다는 휴직 제안을 하셨다. 우리가 원하면 언제든 한국에 돌아올 수 있는 안전장치를 마련해주신 것이다. 나는 이제 한시름 놓는가 했다. 남편도 생각해보지 않은 휴직 제안에 처음에는 솔깃하는 듯하더니 그로부터 며칠이 지났을 때 내게 말했다.

"나 어제 소장님 만나서 얘기했어."

"그래, 잘했어. 소장님도 좋아하시지?"

"어? 나 사직하겠다고 말했어. 연구소에서 베풀어주는 모든 호의는 마음으로만 받겠다고 했어. 내가 뒤돌아볼 수 있는 안전장치를 만들어놓으면 모처럼 어렵게 결심한 선교를 포기할 것 같아서…."

"뭐라고? 당신 미쳤어? 밥상까지 차려서 갖다 바치는데 그걸 차버리는 사람이 어디 있어! 다시 소장님 찾아가서 당장 그 말 취소해!"

"아니, 그럴 순 없어. 내 인생에서 30대 초반은 가장 왕성하게 일할 수 있는 시기야. 난 이 젊음과 열정을 하나님께 바치고 싶어. 우린 능력이 있잖아. 설마 우리가 굶어 죽기라도 하겠어?"

"아이고, 내가 미쳐. 정말! 차라리 혼자 사는 게 낫지. 난 완전히 속아서 결혼한 거야 이건!"

남편은 내 말을 듣기나 하는 건지 신이 나서 하던 말을 이어갔다.

"여보, 글쎄 얼마 전에 성경을 보는데 깜짝 놀라서 뒤로 넘어가는 줄 알았어. 마태복음 10장 39절에 이런 말씀이 있는 거야. '자기 목숨을 얻는(얻고자 하는) 자는 잃을 것이요 나(예수님)를 위하여 자기 목숨을 잃는 자는 얻으리라' 라고 말이야. 우리가 여태 우리 목숨만을 위해 살았는데, 결국 그건 잃어버린다는 얘기잖아. 그러면 얻게 되는 삶이 무엇인가 보니까 그건 바로 주님을 위해 잃는 거였어."

"……."

나는 할 말을 잃었다.

"이제 확실히 결단합시다."

남편은 비장하게 나를 쳐다보며 말했다. 처음 보는 강렬하고 애절한 눈빛이었다. 남편이 성경을 열심히 보더니만 하나님께서 성경을 통해 강력하게 말씀하신 것이 분명했다.

손에 쟁기를 잡고 뒤를 돌아보는 자는 하나님의 나라에 합당치 아니하니라 눅 9:62

성경책을 강물에 던져버릴 수 없는 것이 안타까울 뿐이었다.

내가 먼저 강물에 던져질 것 같아서 말이다.

"그… 그래요. 당신 뜻대로 해요."

나는 그렇게 백기를 들었다. 틈만 나면 도망칠 기회를 노리는 속마음을 숨긴 채….

따라갈까? 함께 갈까?

나는 경제적으로 능력이 있었다. 사업으로도 내가 남편보다 돈을 더 많이 벌 수 있는 입장이었다. 운영하던 미술학원은 남편이 박사 학위를 받은 후 좀 쉬어야겠다 싶어 정리했고, 바쁘지 않을 정도로 개인 레슨을 해왔다. 남편 혼자 선교지로 보내고 나와 딸은 한국에 남는다 해도 경제적으로 어려울 게 전혀 없었다.

이제 내가 선택할 수 있는 길은 두 가지로 압축되었다.

"함께 가느냐 아니면 남편 혼자 보내느냐?"

사실 함께 가는 것보다는 남편 혼자 보내는 편이 훨씬 수월했다. 그러나 남편 혼자 중국에서 지낼 것을 생각하니 너무 처량하게 느껴졌다. 결혼 서약을 할 때 동고동락(同苦同樂)하겠노라 했으면서 남편 혼자 오지에서 고생하라는 것은 양심에 걸렸다. 비록 내가 동역자로서 적절한 역할을 하지 못하더라도 남편과 같이 있어줘야 하지 않을까 싶었다. 아무리 생각해도 함께 가는 것 외에 다른 선택은 없었다.

그렇다면 어떻게 함께 갈지 고민해야 했다. 만약 함께 간다 해도 내가 하나도 기쁘지 않다면 매일 바가지만 긁을 것이 뻔했다. 나는 워낙 고집이 세서 싫은 일은 죽어도 하지 않는 성격이었다. 위선적이지 않다는 장점이 있는가 하면 지나치게 솔직하고 당당해서 자칫 버릇없어 보일 수도 있다. 나는 하나님께 기도하기 시작했다.

"남편을 부르셨다면 저도 불러주세요. 저 무조건 여필종부(女必從夫) 하는 사람 아닌 거, 하나님도 아시잖아요? 그러면 저 아마 미칠 겁니다. 기쁘게 함께 갈 수 있도록 해주세요!"

브리스길라가 되고파

나는 성경에서 남편과 함께한 여인이 있는지 찾아보았다. 구약에서 한 부부, 신약에서 한 부부를 찾았는데 나로서는 대단한 발견이었다. 먼저 구약성경에 나오는 아브라함과 사라 부부를 살펴보았다.

아브람이 그 아내 사래와 조카 롯과 하란에서 모은 모든 소유와 얻은 사람들을 '이끌고' 가나안 땅으로 가려고 떠나서 마침내 가나안 땅에 들어갔더라 창 12:5

"아브라함이 아내 사라를 이끌었다"(He took his wife Sarai)는 것은 남편이 어디로 가든 부인은 남편을 따라가야 한다는 것이었다. 하지만 나는 남편이 가는 곳이면 무조건 따라가는 성격이 아니었다. 하나님의 뜻이라면 어쩔 수 없이 따라가겠지만, 도살장에 끌려가는 소처럼 그렇게 따라가기는 싫었다.

또 다른 부부를 신약성경에서 보았다. 바로 아굴라와 브리스길라였다. 아내 브리스길라가 남편이 가는 길에 어떻게 했는지 기록되어 있었다.

> 아굴라라 하는 본도에서 난 유대인 하나를 만나니 글라우디오가 모든 유대인을 명하여 로마에서 떠나라 한 고로 그가 그 '아내 브리스길라와 함께' 이달리야로부터 새로 온지라 바울이 그들에게 가매 행 18:2

아굴라가 로마를 떠나 고린도로 가면서 아내와 함께 갔다고 하는 부분이었다. 사라는 남편을 따라갔지만 브리스길라는 남편과 함께 갔다는 말에, 나는 이왕이면 사라보다는 브리스길라가 되고 싶었다. 요즘 같으면 어디를 가든지 함께해야지 '따로' 가거나 '따라'가는 것은 바람직하지 않다고 생각했다.

이때부터 나의 기도제목은 어떻게 하면 선교하러 가자는 남편을 포기시키느냐가 아니라 "어떻게 하면 제가 브리스길라가 되겠습니까?"로 변해 있었다.

이제부터는 남편과의 싸움이 아니라 '나 자신과의 싸움'이었다.

CHAPTER **03**

갈 바를 알지 못하나
믿음으로 나아가다

청소기 돌리는 남자

남편의 연구소 사직 후 우리는 미국으로 향했다. 스탠포드대학교와의 공동연구에 대한 약속을 저버릴 수 없었기 때문이었다. 그러면서도 남편은 부르심에 대한 확신에 가득 차 있었다.

나는 브리스길라처럼 남편과 함께 가는 것까지는 이해가 되었지만, 세상에 대한 미련을 여전히 떨쳐버리지 못한 상태였다. 머리로는 이해가 되는데 가슴이 따라가지 못했다. 남편은 매일 "할렐루야"인데 나만 마음고생을 하는 것 같아 화가 났다.

남편이 집에 돌아오자마자 하는 일은 내 기분을 살피는 일이었다. 나는 기분이 안 좋을 때면 괜스레 남편에게 눈을 흘기고 성질을 내곤 했다. 그때마다 남편은 집 안 청소를 하거나 딸 목욕을 시키면서 내 성질을 잠재우려고 애썼다. 어떨 때는 그런 남편이 더 얄미웠다.

　미국에 간 지 한 달쯤 지난 어느 저녁, 남편은 그날도 여전한 모습으로 청소기를 돌리고 있었다. 그날따라 그 모습이 유난히 미워 보였다. 나는 날마다 끊임없이 고민하는데 남편은 청소기 돌리는 것으로 문제를 회피하는 것 같았기 때문이다. 나는 순간적으로 그가 들고 있는 청소기를 빼앗아 집어던졌다. 그러면서 입으로 소나기를 퍼부어댔다.

　"제발 당신도 화 좀 내봐! 당신은 감정 없어? 내가 성질내면 당신도 기분 나쁘잖아! 왜 당신만 기뻐야 하는 건데! 왜! 왜! 왜!"

　남편은 통제 불능이 되어버린 나의 행동에 이렇게 말했다.

　"미안해. 내가 잘못했어."

　나는 그의 말에 더 화가 났다.

　"당신이 뭘 잘못했는데? 말해봐! 나 좀 약 올리지 말고 차라리 고함을 질러. 나한테 화 좀 내보라고! 엄…마! 흑흑….."

　나는 방바닥에 털썩 주저앉아 아이처럼 발을 구르면서 울어대기 시작했다.

　"나 선교하러 안 가. 안 갈 거야! 흑흑….."

　남편은 나의 반응에 몹시 당황한 눈치였다. 안절부절못하는 게 역력했다. 그 모습을 보니 속이 시원하기도 했다. 그때는 나만 고민하고 있는 것 같아 얼마나 약이 올랐는지 모른다.

그러나 한편으로는 저렇게 처절하게 내 비위를 맞춰가면서 선교를 가고 싶을까 하는 생각도 들었다. 돈이 생기는 것도 아니고, 명예를 얻는 일도 아니고, 그렇다고 자기 발전에 도움이 되는 것도 아닌데 왜 저렇게 목숨을 거는지 의아했다. 나를 기쁘게 하기 위해 온갖 수고를 아끼지 않는 그가 애처로워 보일 때도 있었다.

또 세상에 이런 바보가 따로 없는 것 같았다. 연구소를 떠날 때 동료들에게 미쳤다는 소리를 들어가면서 그 좋은 조건을 다 뿌리친 것을 보면 바보가 확실했다. 문득 저런 바보와 평생 살 것을 생각하니 앞이 깜깜했다. 말이 3년이지 누가 알겠는가? 지금까지 남편의 행태를 보면 분명히 3년 차면 좀 더 해야겠다고 말할 것 같다. 그가 평생 선교사 하겠다고 할 것만 같은 불길함과 두려움이 엄습해오면 마치 악몽에서 깨어난 사람처럼 소리쳤다.

"안 돼!"

하나님과 씨름하다

그렇지만 3년 다녀오는 데 동의한 만큼 나도 나름대로 해결책을 찾아야 했다. 그때 내 기도 제목은 딱 한 가지였다.

"하나님께서 정말 원하시는 일이라면 제게도 기쁨을 허락해 주시라고요!"

나는 선교지로 가기 전에 어떻게 해서든지 하나님과 씨름을 끝내야 했다. 환도뼈가 어긋나는 한이 있어도 야곱의 심정으로 하나님을 붙잡아야 했다. 내가 받은 것이 아무것도 없는데 어떻게 다른 사람에게 줄 수 있겠는가. 선교지에서 남편 뒷바라지만 한다면 정말 따분할 것 같았다. 그만큼 하나님이 베풀어주시는 복을 받는 일이 내게는 아주 절박했다.

야곱이 가로되 당신이 내게 축복하지 아니하면 가게 하지 아니하겠나이다 창 32:26

하나님이 나를 축복해주시지 않으면 절대로 선교지에 가지 않겠다는 절박한 심정이었다.

성경공부도 하고 선교사 전기도 여러 권 읽었다. 혹시 그들의 삶과 업적을 통해 하나님께서 내게도 말씀하시는 것이 있지 않을까 기대했기 때문이다. 현대 선교의 아버지 윌리엄 캐리, 중국 선교의 대명사 허드슨 테일러, 한국 선교의 개척자 언더우드, 미얀마 선교의 아버지 아도니람 저드슨 등 유명한 선교사들의 전기를 읽었다.

그러나 선교의 불을 받기는커녕 책을 읽으면서 이들과 달라도 너무 다른 내 모습에 오히려 의기소침해졌다. 정말 선교는 아무나 하는 것이 아니었다. 너무나 위대해 보이는 선교사들 앞에서 나는 자꾸만 작아졌다. 내가 선교를 가봤자 별 도움이 안 될 것 같았다.

마르다의 열심으로

미국에서 지내는 동안 우리 가족은 매일 밤 가정예배를 드렸다. 물론 내가 성질이 나 있을 때는 남편과 딸만 예배를 드리기도 했다. 남편은 뭐가 그리 좋은지 하루하루 기쁨으로 살았다. 그런 남편을 향한 나의 마음은 부러움과 질투, 그 두 가지였다. 하나님은 차별이 없다고 하셨지만 아무래도 나보다 남편을 더 사랑하시는 것 같았다.

한번은 가정예배를 드리며 누가복음 10장에 나오는 마르다와 마리아에 대한 성경 본문을 다룬 적이 있다. 예수님이 '선택'에 대해 가르쳐주시는 말씀이었다. 과연 어떤 선택이 후회 없는 선택일까? 우리는 죽을 때까지 선택을 하며 살아야 할 텐데…. 선택이라는 단어가 이렇게 신성하고 엄숙하게 느껴지기는 처음이었다.

저희가 길 갈 때에 예수께서 한 촌에 들어가시매 마르다라 이름하는 한 여자가 자기 집으로 영접하더라 그에게 마리아라 하는 동생이 있어 주의 발 아래 앉아 그의 말씀을 듣더니 마르다는 준

비하는 일이 많아 마음이 분주한지라 예수께 나아가 가로되 주
여 내 동생이 나 혼자 일하게 두는 것을 생각지 아니하시나이까
저를 명하사 나를 도와주라 하소서 주께서 대답하여 가라사대
마르다야 마르다야 네가 많은 일로 염려하고 근심하나 그러나
몇 가지만 하든지 혹 한 가지만이라도 족하니라 마리아는 이 좋
은 편을 택하였으니 빼앗기지 아니하리라 하시니라 눅 10:38-42

나는 한국에 있을 때, 교회 여전도회 회장이었다. 그런데 내
가 여전도회 회장으로서 한 일이란 주로 교회 행사 때 봉사 팀을
조직 지휘하고, 필요할 때 교인들에게 맛있는 음식을 대접하는 일
이었다. 난 교회에서 손 큰 사람으로 평판이 나 있었다. 헌금도 남
들 십일조 할 때 나는 십의 이조를 하곤 했다.

보통 교회에서 일 잘하고 적극적인 여자를 마르다 같다고 하
는데, 나도 그런 말을 들을 때가 많았다. 한마디로 '현대판 마르
다'라 해도 지나치지 않았다. 아니 마르다보다 한 단계 더 나아가
서 내가 직접 일하지 않으면서 사람들을 일하게 하는 재주가 있었
다. 하지만 그런 말을 들을 때마다 기분이 썩 좋지는 않았다. 예수
님은 마르다를 꾸중하시고 마리아만 칭찬하셨다고 느꼈기 때문
이다.

그런데 남편과 말씀을 나누는 과정에서 그게 아니라는 것을

알게 되었다. 남편과 나는 모두 모태신앙이다. 성경 이야기는 많이 알고 있었지만 제대로 아는 건 아니었다. 장님 코끼리 만지는 격으로 대강 알았다. 그래서 우리는 '모태'가 아니라 '못해' 신앙이라고 서로 농담하곤 했다.

그런데 나도 영안(靈眼)이 떠지기 시작했는지 마르다가 새롭게 보이기 시작했다. NIV 영어성경을 보면 예수님과 제자들은 길을 가고 있었다. '그들이 길을 가는데'(on their way)라고 나온다. 그러니까 원래 예수님 일행은 마르다와 마리아의 집을 방문할 계획이 없었으며, 예수님이 마을을 지나가신다는 소식을 듣고 마르다가 급히 마중을 나가 예수님을 집으로 모신 것이었다.

그제야 마르다가 달리 보였다. 얼마나 멋지고 당차게 보이던지…. 천국은 침노하는 자의 것이라고 했다. 예수님을 만나기 위해 먼저 다가간 사람이 예수님을 모시는 영광을 얻게 되는 것이 아닌가. 후에 오빠 나사로가 죽어서 슬픔에 잠겨 있을 때에도 예수님을 맞이한 사람은 마르다였다.

그러면 내 열심은 어디에서 왔는가? 불행히도 나는 예수님을 만나기 위해 열심을 낸 사람이 아니었다. 나의 이름과 여전도회 회장이라는 직분 때문에 그저 열심히 했을 뿐이었다.

더 좋은 선택

그런데 마르다가 한 가지 실수를 했다. 그것은 예수님이 자기 집에 오셨다는 데 지나치게 흥분했다는 사실이다. 기쁜 마음에 그녀는 예수님이 길을 가던 중이라는 사실은 아랑곳하지 않고 오직 그분을 대접하고 싶은 일념으로 온갖 정성을 다했다. 그러다보니 마르다의 마음이 분주해졌다(눅 10:40). 여기에 문제가 있었다. 마음의 평화가 깨진 것이다. 예수님 곁에 앉아서 열심히 예수님의 말씀만 듣는 동생 마리아가 밉게 느껴진 것이다.

나 역시 그런 마리아가 미웠다. 이 순간만큼은 남편은 마리아, 나는 마르다였다. 예수님에게 흠뻑 빠져 있는 남편이 얼마나 얄미웠는지 모른다. 나는 마음이 나뉘고 짜증나고 화가 나고 두렵고 불안해 죽겠는데, 남편은 그야말로 평안 그 자체였다. 그러면서 자연스럽게 마리아에게 초점이 맞춰졌다.

"마르다야, 마르다야."

예수님은 마르다를 두 번이나 부르시더니 "마리아는 이 좋은 편을 택하였단다"라고 말씀하셨다. 예수님은 마르다를 꾸중하신 것이 아니었다. 꾸중하고 혼낸다면 이름을 두 번 부르지 않는다. 나도 딸 은혜를 혼낼 때 이름을 부르기는커녕 "야!" 하고 소리친다. 예수님은 자상하게 마르다를 부르시고는 무엇이 더 좋은 선택인지를 설명해주셨다.

마르다도 좋은 선택을 했고, 마리아도 좋은 선택을 했다는 것을 알았다. 둘 다 좋은 선택을 했는데 예수님이 마리아만 칭찬하시는 걸로 들린 이유가 무엇일까? 나는 궁금했다. 남편이 영어로 다시 읽어주었다. 영어로 보니 더 확실하게 다가왔다. NIV 영어성경으로는 "Mary has chosen what is better", 즉 예수님은 마리아가 더 좋은 것을 선택했다고 말씀하시는 거였다.

예수님은 선택에도 지혜가 필요하다고 하셨다. 우리 삶에 좋은 선택들이 무수히 많다. 그 가운데서도 우리는 하나님의 일들 가운데 때에 맞게 더 좋은 선택들을 해나가야 한다. 마리아는 주님의 말씀과 함께하는 더 좋은 선택을 한 것이다. 욕심 많은 나는 이렇게 기도했다.

"주님, 저는 마르다도 되고 마리아도 될래요. 마르다처럼 주님을 만나기 위해 열심 있는 사람일 뿐만 아니라 마리아와 같이 주님의 말씀과 함께하는 사람이고 싶어요!"

나는 알았다. 당장 내가 할 더 좋은 선택은 무엇인가? 그것은 선교사의 행적을 추적하는 것이 아니었다. 내 미래가 어떻게 전개될 것인가 염려하는 것이 아니었다. 나의 불안한 마음을 달래줄 눈에 보이는 어떤 것을 찾는 것이 아니라 주님의 말씀과 함께하는 것이었다. 그래서 나는 주님의 말씀을 가까이하는 선택을 하기로 했다. 시편 기자와 같이 주님의 진리를 선택하고 주님의 말씀에 내 마음을 두기로 결심했다.

> 내가 성실한 길을 택하고 주의 규례를 내 앞에 두었나이다
>
> 시 119:30

마음을 찢어라

우리는 남편의 학교 근처 산호세에 교회를 정하고 성경학교에 등록했다. 지금은 휴스턴에서 목회하시는 최영기 목사님이 담당하시는 새신자반이었다.

최 목사님은 공학박사였다가 목사가 된 분이셨다. 세계적인 논문도 많이 발표하셨고, 과학자로서도 잘 알려진 분이다. 한국 KAIST에서도 교수 청빙을 받았지만, 성경공부를 인도하다가 목회자로 부르심을 받고 신학을 공부하셨다고 한다. 그 분이 박사학위를 받은 후 실리콘밸리의 한 연구소에서 일할 때 주님이 어떻게 자신을 인도하셨는지 간증하셨다.

나는 남편과 매우 비슷한 배경을 가진 분이라 친근감을 느꼈다. 그래서 그 분이 하시는 말씀을 하나도 빠뜨리지 않고 눈과 귀를 쫑긋 열고 들었다. 그러자 마음까지 열리기 시작했다. 성경공부를 하는 매주 금요일 저녁이 기다려졌고, 그 시간을 위해 살았다고 할 정도로 내 안에 불이 붙었다.

어느 날은 목사님이 신학 공부를 위해 직장을 그만두었을 때 사모님이 보인 반응에 대해 간증해주셨다. 나는 그 이야기를 듣고 충격을 받았다. 박사님이 신학교 공부를 마치고 집으로 돌아온 어느 날, 방문이 부서져 있기에 집에 도둑이 든 줄 알고 바짝 긴장하고 집 안을 살펴보았는데, 범인은 다름 아닌 사모님이었다는 것이다. 자신은 목사와 결혼한 것이 아니라면서, 남편에 대한 배신감과 분노 때문에 감정을 통제하지 못하고 그만 망치로 문을 부순 것이라고 말씀하셨다. 사모님의 감정은 그렇게 극단적으로 폭발한 것이다.

그 분이 자신의 이야기들을 진솔하게 쏟아내시는 동안 나는 매시간 눈물을 흘리며 말씀을 들었다. 추하고 몹쓸 나라는 인간을 발견해나갔다. 지나온 내 인생에 하나님은 없었다. 나는 내 손으로 나의 미래에 대한 두려움과 불안함을 해결하려고 했다. 미래는 내가 계획했으며 각종 보험을 들어 노후를 대비하고자 했다.

사실 하나님 없이 해결할 수 있는 것은 아무것도 없다. 그렇지만 내 마음에 하나님 두기를 싫어했기 때문에 하나님께서 역사하실 가능성도 전혀 없었다. 하나님께서는 말씀을 통해 여전히 죄악 가운데 있는 나 자신을 바라보게 하셨다.

또한 저희가 마음에 하나님 두기를 싫어하매 하나님께서 저희

를 그 상실한 마음대로 내어버려 두사 합당치 못한 일을 하게
하셨으니 롬 1:28

나는 모든 문제가 내게 있다는 것을 깨닫고 회개하기 시작했다.
"진심으로 회개합니다. 통곡하면서 이렇게 주님께 돌아옵니
다. 제 마음을 찢습니다. 주님은 은혜롭고 자비가 넘치시며 노하
기를 더디 하시고 사랑이 크시니 저를 불쌍히 여기셔서 저를 향한
재앙을 거둬주세요."

너희는 옷을 찢지 말고 마음을 찢고 너희 하나님 여호와께로 돌
아올지어다 그는 은혜로우시며 자비로우시며 노하기를 더디하
시며 인애가 크시사 뜻을 돌이켜 재앙을 내리지 아니하시나니
욜 2:13

변화되리라!
하나님께서는 중학교 때 예수님을 영접한 이후 잃었던 은혜
를 회복시켜주셨다. 그래도 선교를 떠난다는 두려움이 가시지 않
았던 나는 최영기 목사님의 사모님을 생각했다. 문짝을 부술 만큼
노기 어린 사모님의 얼굴을 상상해보았다. 머리에 뿔이 나 있고,
눈초리가 올라가 있으며, 이가 부스러지도록 어금니를 악문 모습

이었을 것이다.

그렇지만 내가 본 사모님의 첫인상은 마치 '천사'와 같았다. 늘 부드러운 미소를 머금은 온화하고 사랑이 많은 어머니 같았다. 최 목사님의 간증을 듣고 나서 원래부터 천사 같은 분은 아니셨다는 것을 알게 되었다. 그러고 보면 나는 그 사모님에 비해서는 천사였다. 나는 진공청소기를 내던지는 정도였지, 문을 때려 부수지는 않았으니 말이다. 최 목사님의 사모님 이야기로 나는 나만 유난히 고민하는 것이 아니라는 데 엄청난 격려를 받았다.

주님께서 나에게 이렇게 말씀하시는 것만 같았다.

"수현아, 너도 그렇게 될 수 있단다. 내가 너를 천사의 모습으로 바꿔주마. 그런데 그것은 너의 노력으로 되는 것이 아니란다."

그렇다. 내 노력으로 되는 것이었다면 내가 결심했을 때 문제가 풀렸어야 한다. 나는 하루에도 수십 번 결심했었다. "기뻐해야지, 기뻐해야지" 하면서 말이다. 그런데 아무리 노력해도 안 됐다. 애꿎은 남편만 못살게 굴었다. 내가 할 수 있는 것은 내가 죄인이라는 것을 고백하는 일뿐이었다.

평안을 너희에게 끼치노니 곧 나의 평안을 너희에게 주노라 내가 너희에게 주는 것은 세상이 주는 것 같지 아니하니라 너희는 마음에 근심도 말고 두려워하지도 말라 요 14:27

계산하지 말라

그렇게 은혜를 받으며 어느덧 3개월이 흘렀다.

그러나 나는 여전히 미지의 세계에 대한 두려움을 완전히 떨쳐버리지 못했다. 중국은 외국인들을 통한 선교를 허용하지 않는다. 잘못하면 경찰에 잡혀갈지도 모른다 하고, 신변의 안전 역시 전혀 보장되지 않는 것 같았다. 무엇보다 중국에서 3년을 헌신하고 돌아오면 우리의 실력이 녹슨 쟁기 같아져서, 과연 정상궤도에 다시 진입할 수 있을지가 걱정스러웠다.

하나님께서는 이런 나를 그냥 내버려두지 않으셨다.

어느 주일, 목사님께서 설교 도중에 설교 주제와 거리가 먼 이야기를 하셨다.

"하나님의 일을 하려거든 계산하지 마십시오!"

목사님도 잠시 멈칫하시다가 하던 설교 말씀을 이어가셨다.

하지만 내겐 이 말씀이 너무나 또렷하게 들렸고, 마음 한가운데 지리 잡았다. 나는 속으로 "아멘, 아멘" 했다. 깨닫게 해주시는 성령님의 강한 역사를 느꼈다.

'그래, 맞아. 바로 그거야. 계산하지 않는 거였어. 나는 지금까지 인간적인 얕은 계산만 계속해왔어. 하나님께 완전히 맡겨야 하는 건데!'

주님이 다 책임져주실 거라고, 주변에서 무수히 많은 말을 들어도 전혀 들리지 않다가 계산하지 말라는 말씀이 내 마음에 들어온 것이다. 솔직히 그동안 나는 머리를 굴리며 여러 가지 계산을 하고 있었다. 남편의 선교를 극구 만류했던 속마음에는 벌어놓은 재산을 까먹는 것이 싫고 그 사실을 받아들이지 않으려는 마음이 있었다.

당시 우리는 남태평양 작은 섬마을에 선교 후원을 하고 있었는데, 중국으로 선교를 나갈 돈이면 그 섬마을에 교회를 몇 개나 세울 수 있겠다는 계산이 되었다. 사실 교회를 세우는 데 초점이 있었던 것이 아니다. 그만큼 내 돈을 쓰는 게 아까워서 나를 합리화시키느라 거룩한 척 포장했다는 것을 부정할 수 없다.

믿음이 오다

그러나 예수님은 나의 전 재산보다 귀중한 분이셨다. 우리 가족이 거리에 내몰리고 전부 노숙자가 된다 해도 주님을 포기할 수 없을 것 같았다. 예수님을 위해서라면 얼마든지 고난도 감수할 수 있다는 믿음이 생겼다.

천국은 마치 좋은 진주를 구하는 장사와 같으니 극히 값진 진주 하나를 만나매 가서 자기의 소유를 다 팔아 그 진주를 샀느니라
마 13:45,46

주님께서 추악한 나를 발견하게 하시고, 곧이어 마음을 찢게 하시더니, 이제는 믿음으로 한 발 한 발 나아가게 하셨다.

'아, 믿음으로 두려움과 싸워서 이기는 것이고, 믿음으로 더 강하게 되는 것이로구나.'

믿음으로 모든 것을 이길 수 있다는 생각이 내 마음에 심겼다. 이제 내가 할 일은, 비록 갈 바를 알지 못하지만 믿음으로 나아가 승리하는 것이었다.

> 저희가 믿음으로 나라들을 이기기도 하며 의(義)를 행하기도 하며 약속을 받기도 하며 사자들의 입을 막기도 하며 불의 세력을 멸하기도 하며 칼날을 피하기도 하며 연약한 가운데서 강하게 되기도 하며 전쟁에 용맹되어 이방 사람들의 진(陣)을 물리치기도 하며 히 11:33,34

머리로만 생각하고 인간적으로 계산하던 내 마음에 드디어 현실을 뛰어넘는 믿음을 얻게 되는 순간이었다. 눈에서는 눈물이 뚝뚝 떨어지고 있었다. 욕심으로 가득한 내 마음의 결박이 순식간에 풀어졌다.

'남편이 먼저 깨달은 기쁨이 바로 이것이었구나. 그래서 그가 양보 없는 전진을 했구나. 바로 이것이었는데, 이 기쁨이 내게도

오다니 하나님, 감사합니다!'

이제 네게 지운 그의 멍에를 내가 깨뜨리고 너의 결박을 끊으리라 나 1:13

여호와여 나는 진실로 주의 종이요 주의 여종의 아들 곧 주의 종이라 주께서 나의 결박을 푸셨나이다 시 116:16

PART 02

주님 먼저 나는 나중인
인생을 살라

우리 인생의 우선순위부터 바로잡아야 한다. 나부터가 아니라 주님이 먼저, 그 다음이 다른 사람들, 내가 맨 나중이 되는 것이다. '하나님나라가 먼저'라는 것이 뼛속 깊이 박히니까 다른 것은 다 부차적으로 변했다. 남편도, 자녀도, 재산도, 미래도 모두. 그러다보니 걱정이 사라졌다.

CHAPTER 04

내 나라가 아닌
하나님나라를 구하라

나쁜 물고기 신자 시절

불현듯 이런 생각이 들었다.

'그동안 나는 예수님을 믿는다고 고백했다. 하지만 내가 과연 제대로 믿은 걸까? 예수님을 나의 이기적인 욕구나 채워주시는 도깨비방망이쯤으로 믿은 것은 아니었을까?'

예수님은 내게 참으로 좋은 분이셨다. 남편이 직장에서 능력을 발휘하게 해주시고, 자녀를 건강하고 똑똑하게 해주셔서 좋은 분이셨다. 또 내가 좋아하는 쇼핑, 여행, 운동을 하고 싶을 때 언제든지 할 수 있는 생활의 여유를 주셔서 좋은 분이셨다.

게다가 예수님을 믿기만 하면 천국행 티켓을 거머쥘 수 있다니, 그분은 참 좋은 분이셨다. 세상에 이렇게 좋은 분이 또 어디 있을까 싶었다. 내가 그 좋으신 예수님께 보답하는 길은 꼬박꼬박 주일예배를 드리고, 가끔 교회 봉사하고, 헌금 많이 하고, 교회 분들에게 식사대접을 하는 것이었다.

나는 내가 정말 예수님을 잘 믿는 줄 알았다. 하지만 그것은 나의 심각한 착각이었다. 나는 '십자가복음'을 믿은 것이 아니라 내 입에 달콤한 '솜사탕복음'을 믿었다. 아마 나 같은 사람을 가리켜서 '못된 물고기'라고 하는가보다. 천국에서는 좋은 물고기는 골라 그릇에 담고 못된 물고기는 내어버린다고 하니, 이 생각을 하자 등골이 오싹했다.

또 천국은 마치 바다에 치고 각종 물고기를 모는 그물과 같으니 그물에 가득하매 물가로 끌어내고 앉아서 '좋은 것'(the good fish)은 그릇에 담고 '못된 것'(the bad fish)은 내어버리느니라 세상 끝에도 이러하리라 천사들이 와서 의인 중에서 악인을 갈라내어 풀무불에 던져 넣으리니 거기서 울며 이를 갈 것이 있으리라
마 13:47-50

그러나 예수를 믿는다는 것은 그게 다가 아니었다. 아니, 나는 완전히 잘못 믿고 있었다.

항상 하나님이 먼저!

매주 월요일 오전부터 엄마는 다음 주일을 준비하시는 분이셨다. 주일헌금 할 돈을 다리미로 빳빳하게 다려서 미리 성경책에 꽂아두셨다. 영양실조에 걸린 개척교회 목회자의 자녀들을 집으로 데려와 돌보기도 하시는 등 어려운 사람들을 많이 도우셨다. 엄마는 내게 공부도 열심히 하라고 하셨는데, 나의 성공을 위해서가 아니라 하나님을 위해 그리하라고 하셨다. 하나님께서 나를 통해 다른 사람들을 축복하기 원하신다고 말씀해주셨다. 사실, 어릴 때는 그 깊은 뜻을 다 헤아리지 못했다.

그런데 내가 고등학교 2학년 때 엄마가 갑자기 고혈압으로 쓰러지셨다. 그때 내 손을 꼭 잡고 당부하신 말씀이 있다.

"하나님이 항상 먼저란다. 꼭 명심하거라. 엄마가 하늘나라에서도 너를 위해 기도할 거야."

엄마는 막내인 나를 두고 떠나가시는 것을 몹시 안타까워하시며 하늘나라로 가셨다. 어려서부터 몸이 약했던 나는 친구들과 보내는 시간보다 엄마와 지낸 시간이 더 많았다. 중학교 때까지 엄마 젖을 만지면서 자던 응석받이이기도 했다. 엄마가 돌아가신 후 나는 몇 달간 울며불며 지냈다.

내가 바이올린을 전공하는 것을 원하셨던 엄마가 돌아가시자 내 꿈도 희망도 사라졌다. 그만큼 엄마의 빈자리는 컸다. 더 이상 바이올린을 켤 수도 없었고, 내 진로는 완전히 뒤헝클어졌다. 나는 방황 끝에 차선책으로 미술을 택했다. 밤낮 화실에서 그림을 그리며 엄마에 대한 그리움을 잊으려 안간힘을 썼다. 세월이 흐르고 떠나가는 기차의 기적 소리가 멀어지듯 엄마에 대한 기억은 잊혀져갔다. 하지만 보물처럼 여기던 바이올린은 내가 어딜 가나 가지고 다녔다. 미국에도 가져갔으니 말이다.

위대한 유산

어느 날 옷장 문을 열었다가 선반 위에 놓여 있는 바이올린을 발견했다. 갑자기 엄마에 대한 기억이 봇물 터지듯 쏟아져 나왔다. 그리고 엄마가 하신 마지막 말씀이 되살아나 내 귓가에 계속 맴돌았다.

"하나님이 먼저야, 하나님이 먼저!"

엄마는 종종 마태복음 6장 33절의 의미를 설명해주셨다. 하지만 그때는 잘 이해되지 않았다. 그러나 지금은 화살이 과녁에 명중하듯, 그 말씀이 내 마음에 와서 콱 박혔다. 최근 주일 설교에서도 이 말씀이 강력히 선포된 적이 있었다. 그때에도 이 말씀이 내게 좌우에 날 선 검이 되어 날아왔다.

너희는 먼저 그의 나라와 그의 의를 구하라 그리하면 이 모든 엄마가 살아 계시는 동안 입버릇처럼 하신 이 말씀은 엄마의 신앙 좌우명 같은 것이었다. 이 말씀이 내게 영적 유산(遺産)이 되는 순간이었다. 시간 가는 줄 모르고 바이올린을 바라보면서 엄마와 함께한 시절을 더듬어보았다. 더 이상 슬프지 않았다. 도리어 내게 이렇게 위대한 유산을 물려주신 엄마가 자랑스럽고 감사했다.

학교에서 일을 마치고 돌아온 남편에게 내가 먼저 생긋 웃는 얼굴로 다가갔다. 그는 놀라서 무슨 영문인가 했다.

"나 이제 정말 기쁘게 선교지에 갈 수 있어요."

"와! 정말이야?"

남편은 못 믿겠다는 듯이 나에게 되물었다.

"하나님이 당신 기도에 응답하셨나봐. 당신이 우리 가족 모두 기쁘게 떠날 수 있게 해달라고 기도했잖아요."

나는 확신에 찬 음성으로 그동안 내 안에서 일어난 변화를 남편에게 이야기했다.

"야호! 할렐루야!"

남편은 내 손을 잡고 뛸 듯이 좋아하며 기쁨을 감추지 못했다.

이와 같이 성령도 우리 연약함을 도우시나니 우리가 마땅히 빌 바를 알지 못하나 오직 성령이 말할 수 없는 탄식으로 우리를 위하여 친히 간구하시느니라 롬 8:26

정말이지 내 안에 계신 성령께서 나의 연약함을 도우시고 말로 다 표현할 수 없는 간절함으로 나를 대신하여 간구해주신다는 말이 무엇인지 실감했다. 또한 지금까지 기다려준 남편이 고마웠다. 내 눈치를 보며 매일같이 청소기를 돌리고, 딸아이 목욕시키고, 시장에 다녀오고…. 우리 집 돌쇠처럼 종의 모습으로 섬겨준 남편이 정말 고마웠다.

더 이상 청소는 시키지 말아야겠다는 결심과 함께.

우선순위가 재정립된 인생

이제 어떻게 생각해야 하고, 어떻게 행동해야 하고, 또 어떻게 살아야 하는지를 확실히 알게 되었다. 그동안 나는 하나님이 내게 주신 것을 청지기로서 관리해야 함을 깨닫지 못하고 내 것인 양 교만과 욕심을 부렸다. 그러나 나를 첫째 자리에 두었을 때의 기쁨은 물거품처럼 잠시지만, 예수님을 첫째 자리에 두었을 때 그분이 주시는 기쁨은 반드시 경험해봐야만 아는 기쁨이었다. 나도 예수님을 첫째 자리에 두기 전까지는 그 기쁨을 몰랐다.

하나님이 주시는 '기쁨'(JOY)이란 "Jesus first, Others second, You third!"일 때 선물로 주시는 것이었다. 이 선물을 받고 싶다면 인생의 우선순위부터 바로잡아야 한다. 나부터가 아니라 주님이 먼저, 그 다음이 다른 사람들, 내가 맨 나중이 되는 것이다. '하나님나라가 먼저'라는 것이 뼛속 깊이 박히니까 다른 것은 다 부차적으로 변했다. 남편도, 자녀도, 재산도, 미래도 모두. 그러다보니 걱정이 사라졌다.

걱정과 염려는 쓸데없이 미리 내는 이자일 뿐이었다. 빚 진 것도 없이 내는 이자가 바로 걱정과 염려가 아니겠는가? 풀리지 않던 수학 문제가 한순간에 풀린 것처럼 문제가 확 풀렸다. 마치 지끈지끈하던 두통이 싹 사라지는 시원함을 느꼈다. 하나님나라가 먼저라는 엄마의 가르침이 모든 고민의 종지부를 찍어준 셈이다.

고민도 하고 도망칠 궁리도 해보았지만 아무리 계산해봤자 인간적인 수준의 미봉책일 뿐이었다. 더 이상 물러설 데가 없었다. 그것을 깨닫고 인정하는 순간, 성령님이 내 마음을 만져주셨고 송두리째 기쁨으로 변화시켜주셨다. 주시는 분도, 가져가시는 분도 주님이신데 내가 가진 것에 아등바등할 필요가 없다는 것을 알았다.

그리스도를 위하여 너희에게 은혜를 주신 것은 다만 그를 믿을 뿐 아니라 또한 그를 위하여 고난도 받게 하심이라 빌 1:29

은혜는 고난도 이기게 한다. 주님을 위해 받는 고난은 은혜이다.

이제 내가 가야 할 선교지는 더 이상 두려운 장소가 아니라 하나님께서 보내시는 복된 장소이다. 나는 남편을 따라가는 아내에서 브리스길라처럼 남편과 함께 가는 아내로 바뀌었다. 그동안 주님의 음성이 두려워 성경을 멀리했지만 이제는 주님 곁에 앉아 열심히 말씀을 듣던 마리아가 되어 다시 말씀을 보았다. 주님의 말씀이야말로 세상을 넉넉히 이기는 힘이었다.

하나님이 주신 기쁨의 비밀

'아! 이 세상 물질이나 명예나 눈에 보이는 좋은 조건이 감사의 조건이 아니구나. 진정한 감사의 조건은 내 가슴속에 있고 하나님 안에 있구나!'

나는 비로소 가정부 아주머니가 느낀 기쁨을 가슴으로 느끼게 되었다. 가진 것 하나 없어도 감사하고 기뻐할 수 있는 아주머니의 기쁨이야말로 하나님으로부터 온 것이었다.

비록 무화과나무가 무성치 못하며 포도나무에 열매가 없으며 감람나무에 소출이 없으며 밭에 식물이 없으며 우리에 양이 없으며 외양간에 소가 없을지라도 나는 여호와를 인하여 즐거워하며 나의 구원의 하나님을 인하여 기뻐하리로다 합 3:17,18

중국으로 가기 전, 한국으로 돌아가 대전에서 아주머니를 다시 만났다. 내가 선교하러 가게 되었고 아주머니가 느낀 기쁨을 이제 나도 알게 되었다고 말씀드렸더니 아주머니는 마치 자기 일처럼 좋아하시며 눈물을 글썽이셨다. 작별인사를 하는데 아주머니가 내 손을 꽉 잡으시고는 이렇게 말씀해주셨다.

"그동안 은혜 엄마 덕분에 나도 참 기뻤어. 은혜 엄마는 하나님의 아름다운 딸이야. 어디를 가더라도 하나님께서 함께하실 거야. 그동안 말하지 못했지만 꼭 해주고 싶은 말이 있어. 하나님 안에서 사랑해."

그러더니 아주머니는 내 손에 뭔가를 꼭 쥐여주었다. 펴보니 꼬깃꼬깃 접은 만 원짜리 다섯 장이었다. 아주머니에게는 정말 큰돈이었을 텐데….

"이거 선교 헌금하는 거야. 많지 않지만 받아줘."

순간 내 눈에 눈물이 핑 돌았다.

쌀 씻을 때 찾아오신 성령님

그동안 남편이 도맡아 해온 청소도 이제 내가 하기로 했다. 남편은 청소를 하면서도 나에게 칭찬을 듣기는커녕 청소를 한 건지 안 한 건지 모르겠다는 잔소리만 귀에 못이 박히게 들었다. 결벽증에 가까울 정도로 깨끗한 것을 좋아하는 내 눈에 만족스러울 리 없기 때문이다. 앞으로 청소는 내가 하겠다고 말하자, 남편은 정말이냐고 몇 번씩이나 물어보았다.

"그동안 수고 많이 했어요. 이제부터는 내가 할 테니 당신은 일이나 열심히 하세요!"

내가 청소기를 돌리려고 하자 남편이 그동안의 심경을 털어놓았다.

"지난 3개월간 난 당신의 노예가 되겠다고 생각했어. 매일 청소기를 돌리면서 내가 얼마나 기도했는지 몰라. 청소기로 나쁜 것들을 빨아들이듯이, 하나님께서 당신의 마음속에 있는 나쁜 것들을 다 뽑아내달라고…."

난 피식 웃으면서 애써 모르는 척했다. 남편이 청소하면서 소리 내어 기도하는 것을 들은 적이 있었기 때문이다. 그때 속으로는 참 고마웠다. 내가 이렇게 변한 것도 하나님의 은혜를 받을 때까지 남편이 기다리고 기도해준 덕분이었다.

한국에서는 가정부 아주머니가 있었으니 메뉴만 정해주면 되었지만 미국에서는 내가 직접 요리를 해야 했다. 엄마와 언니의 요리 솜씨가 수준급이었는데 아니나 다를까 나도 빠르고 솜씨가 좋아졌다.

어느 날 한참 저녁 준비를 하고 있을 때였다. 콧노래를 불러 가며 쌀을 씻고 있는데, 누군가 나를 뒤에서 포근하게 감싸 안는 것을 느꼈다. 정말 편안해서 그냥 기대고 있어도 좋을 것만 같았다. 그때 음성이 들려왔다.

"내가 너를 사랑한다. 내가 너를 사랑한다."

너무나 황홀했다. 순간 뒤를 돌아보았다. 아무도 보이지 않았지만 나는 하나님이 함께 계시는 것을 느낄 수 있었다. 공기 같은 성령님이 역사하신 것이다.

'왜 하필 쌀을 씻을 때 안아주셨을까? 아하, 앞으로 선교지에 가면 현지 사람들을 위해 쌀을 많이 씻어서 밥을 해주라는 뜻인가? 그래, 그곳에서도 성령님이 함께해주신다는 약속이야.'

나는 하나님의 마음을 헤아려보았다. 하나님께서 나를 사랑하신다고 하신 이유는 무엇일까? 내가 사랑 받을 만한 가치가 있거나 그럴 만한 행동을 한 것도 아닌데…. 하나님은 사랑 그 자체이셨다.

우리가 아직 죄인 되었을 때에 그리스도께서 우리를 위하여 죽

으심으로 하나님께서 우리에게 대한 자기의 사랑을 확증하셨느니라 롬 5:8

자녀교육 걱정일랑 하나님께 맡긴다

주변 사람들도 내 변화에 신기해하는 것 같았다. 어떤 분은 걱정하는 투로 이렇게 물었다.

"아니, 부모야 헌신해서 간다고 하지만, 애가 무슨 사명이 있는 것도 아닌데 부모로서 너무 무책임한 것 아니에요?"

"글쎄 말이에요. 저도 그게 걱정이에요. 남편이 하도 가자고 하기에 할 수 없이…."

아마 예전 같았으면 이렇게 말했을 것이다. 그러나 지금은 나의 대답이 달라졌다. 성경말씀을 나누며 확신에 차서 대답한다.

"저희가 염려한들 무슨 수가 있겠어요? 자녀도 다 하나님이 키우시는 건데요."

공중의 새를 보라 심지도 않고 거두지도 않고 창고에 모아들이지도 아니하되 너희 천부께서 기르시나니 너희는 이것들보다 귀하지 아니하냐 너희 중에 누가 염려함으로 그 키를 한 자나 더할 수 있느냐 마 6:26,27

자녀교육 문제로 남편을 윽박질렀을 때, 남편이 아이는 우리가 키우는 게 아니라 하나님이 키우시는 거라며 치맛바람 거세봤자 아이만 골병들 거라고 말했었다. 그 말에 꿈쩍하지 않았던 내가, 이제는 하나님 앞에 자식을 내려놓으면 하나님께서 하나님의 방법으로 키우신다는 확신에 차서 이렇게 말한 것이다.

주님의 약속을 붙드니까 자녀교육 걱정도 사라졌다. 먼저 하나님나라를 위해 헌신하면 주님이 다른 모든 것을 그냥 내버려두지 않으신다는 것을 그저 믿고 맡겼다.

선교의 불을 밝혀라

내 마음은 날이 갈수록 두려움이 사라지고 담대해져갔다. 나는 혼자서 간증하기 시작했다. 길을 다닐 때도, 청소를 할 때도, 잠을 잘 때도…. 어느 토요일 저녁, 잠들기 전에 이런 기도를 했다.

"사람들에게 제 마음을 나누고 싶어요!"

전에는 목사님이 간증을 하라고 하면 질색하며 뿌리치던 나였다. 그런데 지금은 성도들 앞에서 간증할 수 있게 해달라는 기도를 하고 있었다. 이런 내 자신이 참 신기했다.

그런데 다음날, 주일예배 후에 교회 앞 야자수 그늘에서 쉬고 있는데 목사님이 우리 부부를 부르시더니 수요예배 때 간증을 해달라고 부탁하셨다. 나는 그 순간에도 내가 받은 하나님의 은혜를 나누고 싶다는 기도를 하고 있었다. 즉각적인 기도 응답, 성령님의 인도하심이라 느껴졌다.

나는 그때부터 금식하며 이렇게 기도했다.

"박사와 컴퓨터 전문가가 많이 모인 실리콘밸리의 우리 교회, 이성적으로 믿는 사람들이 많아서 그런지 조금은 냉랭해 보이는 우리 교회에 성령님께서 선교의 불을 붙여주세요."

수요예배 때 남편과 나는 그간 하나님께서 우리를 어떻게 빚으셨는지 그 일들에 대해 성도들 앞에서 담대히 나누었다. 남편이 공학박사였기 때문에 성도들의 마음에 더욱 실제적으로 다가갈 수 있었던 것 같다. 우리 부부의 간증이 교인들에게 공감을 불러 일으키고 교회를 위해 유익하게 쓰임 받게 되어 참 감사했다.

마지막으로 나는 성도들에게 말했다.

"저는 중국에 밥하러 갑니다!"

간증을 들은 많은 성도들이 선교의 첫 걸음을 내디디려 하는 우리를 격려해주었다. 그간 우리를 오해했다는 몇몇 분들이 미안하다는 인사를 전했고, 어떤 분들은 딸 은혜를 안고 기도해주었다.

우리 집이 교회가 되는 꿈

나의 인생에도 새로운 목표가 생겼다. 전에는 섬김을 받는 위치에 있었지만, 이제는 '솥뚜껑 운전사'가 되어 사람들을 위해 밥하는 것을 나의 사명으로 삼게 되었다. 원래 나는 사람들이 우리 집에 오는 것을 별로 좋아하지 않았다. 집이 지저분해지기 때문이다. 더러우면 밤을 새워서라도 청소를 해야 직성이 풀리는 사람이었다.

그런데 하나님께서 자꾸만 사람들을 집에 데려와 먹이라는 마음을 주셨다. 나는 브리스길라와 아굴라 부부처럼 우리 집을 사람들에게 오픈하기로 마음먹었다.

> 알렉산드리아에서 난 아볼로라 하는 유대인이 에베소에 이르니 이 사람은 학문이 많고 성경에 능한 자라 그가 일찍 주의 도를 배워 열심으로 예수에 관한 것을 자세히 말하며 가르치나 요한의 세례만 알 따름이라 그가 회당에서 담대히 말하기를 시작하거늘 브리스길라와 아굴라가 듣고 (그를 집으로) 데려다가 하나님의 도를 더 자세히 풀어 이르더라 행 18:24-26

나는 선교를 아주 어렵게만 생각했는데 그렇게 어려운 일이 아니었다. 브리스길라와 아굴라 부부가 아볼로라 하는 지식인을 전도하고 가르친 일도 그들의 집에서 이루어졌다. 어디 밖에 나가서 복음을 전한 것이 아니라 집에서 한 것이다. 이보다 더 좋은 것이 없다고 느꼈다. 더군다나 외국인이 선교하는 것을 금지하고 있는 중국에서는 노방전도를 할 수 없는데 집만큼 좋은 데가 어디 있을까 싶었다. 사람들에게 맛있는 음식도 대접하면서 자연스럽게 복음을 전한다면 정말 좋을 것 같았다.

남편은 중국의 대학교수로 가서 기회 있을 때마다 복음을 전하는 자로 살아갈 것이다. 우리는 브리스길라와 아굴라가 아볼로를 집으로 데리고 가서 하나님의 도(道)를 가르친 것처럼, 그곳 학생들을 초청해서 밥도 해주고 서로 교제하며 그 청년들에게 복음을 전하는 꿈을 꾸었다. 시간이 지나면서 내 안에 우리 집이 교회가 될 거라는 기대가 꿈틀거리기 시작했다.

아굴라와 브리스가와 및 그 집에 있는 교회가 주 안에서 너희에게 간절히 문안하고 고전 16:19

브리스길라 부부는 자기들의 집을 교회로, 즉 그리스도인들이 모이는 예배 장소로 내놓았다. 선교지인 중국의 우리 집이 사랑이 넘치고, 먹을 것이 풍성하고, 사람들을 섬기고, 성경을 가르치며, 궁극적으로 교회가 되는 꿈, 그것은 하나님이 우리에게 주신 꿈이었다.

롤모델 선정

남편과 함께 우리 사역의 롤모델(role model)을 '아굴라와 브리스길라'로 정했다. 그런데 남편은 브리스길라가 더 귀하게 쓰임 받았다면서 나를 치켜세웠다. 그러면서 그 부부에 대한 나름의 생각을 말해주었다.

"성경에 보면 부부 중에서도 아내인 브리스길라의 이름이 먼저 나오잖아. 이 당시에 여자의 이름이 먼저 나온다는 것은 '코페르니쿠스적 변혁'이라고 볼 수 있어."

"그건 또 무슨 뚱딴지같은 소리야? 어쩌다 그렇게 기록됐겠지."

"아냐, 사도행전을 잘 봐. 처음에는 바나바가 먼저 나오다가 나중에는 사도 바울의 이름이 먼저 나오지. 바나바는 사도 바울에게 신앙의 선배였어. 그런데 '바울과 바나바'라고 이름이 언급되는 순서가 바뀌었다는 것은 역할의 크기가 바뀌었다는 뜻이야."

"그게 우리하고 무슨 관계가 있어? 나는 그저 밥하러 가고 당신을 돕는 역할로 가는 거야."

"아냐, 영적인 것에 성별의 차이가 없어졌다는 것은 신약의 약속이야. 물론 남자가 리더십 포지션에 있어야 한다는 것은 인정해도, 그 영향력은 다르다고 생각해. 돕는 자의 영향력은 이루 말할 수 없이 크다고! 나도 아버지보다는 어머니에게 큰 영향을 받았고, 당신도 마찬가지잖아."

"아무튼 난 가서 밥이나 잘했으면 좋겠어. 설거지나 좀 도와주세요!"

"설거지 걱정은 붙들어 매셔. 내가 실험실에서 비커 닦은 짬밥이 몇 년인데…."

남편은 언제나 긍정적으로 나를 격려하고 세워주려고 애썼다. 이제 내 인생의 분명한 목표가 세워졌고, 나의 롤모델이 말씀 가운데 세워졌다. 이것이 내 삶에 새로운 동력이 되었다.

CHAPTER **05**

주께서 부르신 곳에
보금자리를 틀고

드디어 중국 땅에 발을 내딛다

남편은 미국 스탠포드대학과 약속했던 1년간의 공동연구를 끝마쳤다. 이제 중국 선교를 가는 길을 막는 방해요소는 없었다. 1993년 봄, 우리는 "내가 세상 끝 날까지 너희와 항상 함께 있으리라"(마 28:20)라는 주님의 약속을 붙잡고 드디어 광활한 중국 땅에 발을 내디뎠다. 우리가 가는 곳은 도착한 공항에서 기차로 꼬박 하루를 더 가야 하는 시골이었다. 기차 안은 그야말로 진풍경이 펼쳐졌다. 나는 눈앞의 풍경이 하도 신기해서 호기심 많은 아이처럼 여기저기 기웃거렸다. 긴 오이를 통째로 씹어 먹는 사람, 내복 바람으로 객실을 돌아다니는 사람, 침을 아무 데나 뱉는 사람들…. 마치 1950년대 영화를 보는 기분이 들었다.

사역하면서 거주할 곳에 도착하자, 우리는 당장 살 집부터 구해야 했다. 학생들을 자주 만나야 하니까 되도록 남의 눈에 잘 띄지 않는 곳, 매일 샤워를 안 하면 못 견디는 체질이니 더운물 나오는 곳을 우선순위로 정했다. 그러나 따뜻한 물을 쓰고 싶은 나의 소박한 바람은 여지없이 무너졌다. 더운물이 나오는 곳은 어디에도 없었기 때문이다. 결국 우리는 엘리베이터가 없는 6층짜리 아파트 꼭대기 층에 방 2개와 거실, 화장실이 딸린 집을 구했다. 지은 지 얼마 안 된 곳이라고 했지만 내가 보기에는 완전히 헌 집 같았다.

이제 들통에 물을 데워서 샤워를 하고, 면장갑 위에 고무장갑을 끼고 설거지를 해야 하는 칼바람 쌩쌩 부는 생활이 시작된 것이다. "저 사람들, 한국에서 망해서 중국으로 피신 왔나봐" 하는 이웃의 수군거림도 감내해야 했다. 당시 한국 사람들이 중국으로 오는 경우가 많지 않았다. 또 중국 조선족은 한국에 대한 막연한 동경을 품고 있던 때였다.

첫 만남

남편은 대학 강의를 하러 갔고 나와 은혜는 생활의 불편을 감수하며 적응해가기 시작했다. 얼마 후 학생들에게 복음을 전할 기회를 엿보던 남편이 드디어 학과 학생들을 우리 집에 초대했다.

그동안 학교에서 학생들에게 정성을 쏟은 결과였다.

나는 남편이 가르치는 학과 학생들의 사진을 미리 입수해서 학생들의 얼굴과 이름을 달달 외워두었다. 내가 학생들의 이름을 부르며 "네가 류바이진이구나. 네가 자오리밍이구나…"라고 한 명 한 명 친근하게 맞이하자 학생들은 예기치 않은 환대에 몸 둘 바를 몰라 했다. 당황하는 모습이 순박한 시골 청년들 같았다.

학생들도 정성스럽게 선물을 준비해왔는데, 그 선물이 다름 아닌 웅담주 두 병이었다. 술을 마시지 않는 선생인 줄 모르고 중국식 예절을 갖춘 것이다. 그래도 최대한 예의를 갖춰 준비한 마음들이 고마웠다.

나는 제자들이 무슨 음식을 좋아할지 몰라 종류별로 다양하게 준비했다. 디저트로 미국에서 가져온 간식도 내놓으려고 만반의 준비를 했다. 사실 미국에서 중국으로 올 때, 내 주특기인 쇼핑을 실컷 해서 컨테이너 한가득 싣고 왔다. 예전 같으면 나를 위해 썼겠지만 이번에는 학생들을 위해 아낌없이 쓰려고 한다. 집에 없는 게 없다고 해서 학생들로부터 '백화상점'이라는 별칭을 얻기도 했다.

드디어 식사시간, 초조하게 시험 결과를 기다리는 사람처럼 나는 제자들의 눈빛과 표정을 유심히 살폈다. 그런데 내 일급 요리 솜씨가 무색할 정도로 다들 잘 못 먹는 게 아닌가. 후식으로 준비한 수정과 역시 반응이 좋지 않았다. 나중에 말을 들어보니 처음 맛보는 외국 음식이라 입에 안 맞고 맛도 잘 몰랐다고 한다. 정성스레 잣까지 동동 띄운 수정과는 한약을 들이붓는 것 같았다니 말이다.

학생들의 입맛도 내 입맛과 비슷할 거라고 생각한 나의 실수였다. 그래도 할 줄 아는 음식이 중국 음식이 아닌 한국이나 미국 음식인데…. 나는 내 방식대로의 사랑법이 다른 사람을 오히려 불편하게 할 때도 있다는 것을 배웠다. 사랑하는 방법은 계속해서 개발해야 한다는 것을 깨달았다.

저녁을 먹은 후, 남편이 제자들에게 여러 가지 게임을 가르쳐 주면서 분위기를 돋우었는데, 제자들은 처음 해보는 여러 가지 놀이에 어린아이처럼 깔깔대며 좋아했다. 그 뒤로 제자들은 우리 집에 자주 놀러왔다. 밥하러 간다고 했던 말 그대로 나는 '솥뚜껑 운전사' 노릇을 거의 매일같이 했고, 남편은 '기쁨조' 역할을 톡톡히 했다.

우리는 예수님을 직접적으로 전하지는 않으면서 서서히 학생들의 마음밭 가꾸는 일을 해나갔다. 집 안 여기저기에 예수 믿는 사람의 흔적을 남겨 두고 자연스럽게 그들의 궁금증을 불러일으켰다.

인텔리 간첩?

어떤 학생들은 혹시 음식을 대접한 뒤 '스파이'로 포섭하려는 게 아닌가 싶어 아예 초대에 응하지도 않았다. 후앙밍밍과 리가흔이 대표적이었다. 자기들만 안 오는 것이 아니라 아무런 속셈 없이 부를 리 없다는 소문까지 퍼뜨렸다. 그들은 우리를 경계하고 의심했다.

사회주의 사회에서 나고 자라고 교육받은 학생들이라 그런지 우리가 간첩이라고 생각한 것이었다. 한국이나 미국에서 떵떵거리고 살 수 있는 남편이 이곳까지 온 것을 보면 분명히 특수한 목적이 있을 거라고 오해했다. 즉, 남한 정부에서 전적으로 지원해주는 '인텔리 간첩'이라고 믿은 것이다. 물론 우리에게는 '선교'라는 특수한 목적이 있었다! 그들이 오해한 것처럼 정부의 지원을 받은 것도 아니고 교회의 후원이 있는 것도 아니라 서울에 있던 아파트를 팔아서 중국에 오긴 했지만 말이다.

시간이 흐르면 그 학생들도 우리의 진심을 알아주고 우리를 가까이하리라 믿었다. 아무리 고집이 세도, 아무리 의심이 많아도, 아무리 성질이 사나운 사람이라도 내가 변화되는 것을 경험했기 때문에 나는 결코 희망을 버리지 않았다.

제자들과의 공동생활

중국에서 처음 맞는 겨울방학을 앞둔 어느 날이었다. 남편이 나에게 획기적인 제안을 했다.

"이번 겨울방학 때 우리 집에서 제자들과 함께 지내면 어떨까?"

"그거 좋은 생각이네. 예수님을 전할 좋은 기회가 될 것 같은데? 나도 찬성해요."

"나는 제자들에게 영어를 가르쳐주고, 당신은 밥해주면서 공동생활을 하는 거야."

"좋아요. 레크리에이션도 하고, 함께 여행도 하고…."

내 속에서 성령님이 매우 기뻐하시는 것을 느꼈다.

"이번 겨울에 분명히 성령님의 강력한 역사가 있을 거야."

남편의 말에 내 마음이 뜨거워졌다. 학생들의 집은 거의 외따로 떨어진 시골이라서 방학을 제대로 보내기에 어려운 환경이었다. 그래서인지 우리 집에서 지내라는 말에 흔쾌히 그러겠다고 하는 제자들이 많았다. 학생들을 제대로 섬길 수 있는 기회가 온다니 나는 마음이 설레었다. 비록 밥하느라 바쁘겠지만 그건 문제가 되지 않았다. 내가 조금 고생해서 그들이 예수님을 만난다면 더 이상 바랄 것이 없었다.

드디어 제자들과의 공동생활이 시작되었다. 우리 집은 우리

가족 셋과 15명의 학생들로 연일 북적였다. 씻는 일이 연례행사였던 남학생들의 발 냄새가 고약하기는 했다. 그럴 때 나는 무안하지 않게 씻고 오라고 했고, 대중목욕탕 이용권을 사주고 필요한 양말과 속옷 등을 준비해주었다. 먼지가 폴폴 날리고 집이 지저분해지는데도 이상하게 싫지 않았다. 기하급수적으로 늘어난 집안일도 제자들이 거들어주면서 하니까 별 문제가 되지 않았다.

공동생활은 제자들을 깊이 아는 계기가 되었다. 제자들은 대부분 경제적으로 사정이 어려웠다. 그래서 어떻게 해서든 공부를 해야 이 지긋지긋한 가난에서 벗어날 수 있다고 생각했다. 그런 만큼 공부를 아주 열심히 했다. 어려운 집안 형편 때문에 어릴 때부터 부모의 극진한 자식 사랑도 받아본 경험이 거의 없는 아이들이었다. 생일도 모르고 지내던 학생들이 생일을 일일이 챙겨주자 감동했다. 그 학생들을 위해 나는 최선을 다해 밥을 했고, 함께 이야기를 나누며 시간을 보냈다.

어느덧 나는 그들과 친구가 되었다. 남편은 선생님이라서 좀 어려워했지만 나는 언니나 누나처럼 편하게 대했다. 딸 은혜도 언니 오빠들을 잘 따랐다. 외동딸이라서 그런지 언니 오빠들이 많이 생기자 무척 좋아했다. 오빠들은 목말을 태워주고 자전거도 가르쳐주면서 잘 놀아주었고, 언니들과는 한 방에서 지내며 이야기꽃을 피웠다. 우리는 그렇게 한 가족처럼 지냈다.

복음의 물결

낮에는 남편이 제자들에게 영어를 가르쳐주었다. 또 저녁에
는 다함께 게임을 했다. 그렇게 한 주쯤 지나서 제자들에게 자연
스럽게 복음성가를 가르쳐주었는데, 노래라서 그런지 거부감 없
이 따라했다. 가끔 〈십계〉, 〈벤허〉 같은 기독교 영화도 보여주었
는데, 영화를 틀어준 다음 남편과 나는 조용히 방으로 들어갔다.

"에이, 저거 가짜다! 어떻게 바다가 갈라져?"

거실에서 영화를 보는 제자들의 말소리가 들렸다. 그래도 재
미있는지 다들 집중해서 보는 것 같았다.

그렇게 서서히 그들에게 복음이 스며들기 시작했다. 우리가
진화론의 허점과 예수님에 대해 알려주면서 분위기는 점점 무르
익어갔다. 제자들이 기독교에 대해 가지고 있던 나쁜 이미지, 잘
못된 선입견들도 점차 사라져갔다. 복음성가 부르는 것이 좋았는
지 부를 때마다 더 가르쳐달라고 했다. 나중에는 한국에서 직접
제작해간 〈할렐루야〉라는 찬양집을 1장부터 77장까지 다 부르고
나서야 잠드는 날이 많았다.

그때 남편의 제자 자오리밍은 우리 부부를 보면서 이런 생각
을 했다고 한다.

'내가 아는 종교는 정신적 아편인데, 많이 배운 사람들이 참
불쌍하다. 하지만 교수님이나 사모님이 항상 기뻐하시는 것은 가

짜가 아니야…. 정말 뭔가 있는 거라면, 나도 알아봐야겠다. 그것이 저분들이 믿는 예수님 때문이라면….'

자오리밍은 이성적(理性的)으로는 이해가 되지 않았지만, 단순히 일단 알아보자는 생각으로 성경공부를 하기 시작했고 예수님을 영접하기에 이르렀다. 그런데 '나 같은 사람이 어떻게 예수님을 믿을 수 있지?' 하고 깜짝 놀라며 깨달은 바가 있다고 한다.

'아! 이미 밑거름이 되어 있었구나! 내가 마음먹는다고 되는 게 아니었어. 마음은 예수님이 움직이시는 거야! 그렇지 않으면 나란 사람 스스로 예수님을 믿을 수 없는데….'

자오리밍은 일단 믿으니까 그 다음에는 의심이 생기지 않았다고 한다. 그렇게 궁금해 하던 기쁨의 비밀을 자신도 체험했다면서 우리 부부에게 감격하며 말했다.

"저도 이제 알았어요! 믿고 나니까 그렇게 기쁠 수가 없더라고요. 말할 수 없는 기쁨이 마음속에서 솟구치는데, 좋은 일이 생겨서 기쁜 것과는 정말 차원이 달랐어요."

그는 자기 혼자 믿는 줄 알고 입을 꾹 다물고 눈치만 보았는데, 이야기를 나누다보니 믿음을 갖게 된 친구들이 많아 "야, 너도? 너도?" 하면서 웃었다고 했다.

그해 겨울, 제자들이 하나둘 주님을 만났다.

섬김이라는 권능

나는 손이 갈라지도록 칼도마질을 했지만 부엌에서 있는 시간이 마냥 즐거웠다. 제자들을 위해 목욕물을 데우고 빨래를 하는 것도 즐거웠다. 추운 겨울 덜덜 떨며 삼등열차를 타고 여행하는 것도 즐거웠다. 그런데 지금은 이렇게 좋아하는 것들이 예전에는 내가 질색하며 싫어했던 것들이다.

나는 그저 학생들에게 좀 더 잘해주고 학생들을 좀 더 풍족하게 먹이면 좋겠다고 생각했을 뿐이다. 나는 '이것이 나의 은사인가?' 싶은 생각마저 들었다. 정말 하나님의 은혜였다.

오직 성령이 너희에게 임하시면 너희가 권능을 받고 예루살렘과 온 유대와 사마리아와 땅 끝까지 이르러 내 증인이 되리라

행 1:8

내게 성령이 임하지 않았다면 어떻게 이 일들을 즐거워하며 감당할 수 있었을까? 그렇다. 우리에게 성령이 임하면 우리는 권능을 받게 된다. 예언이나 치유 같은 권능만 권능이 아니다. 내가 억지로 섬기겠다고 할 수 있는 일도 아니고, 섬길 줄 모르던 내가 섬기는 것을 즐거워하는 사람이 된 것, 그것이 엄청난 권능 아니겠는가!

하나님께서 한 사람을 쓰시겠다고 결정하시면 하나님은 그를 얼마든지 바꾸실 수 있다.

따로국밥 부부

새 학기가 시작되면서 남편은 학교 일이 많아졌다. 학교 일하랴 집에 오면 제자들 성경 가르치랴 무척 바쁘게 지냈다. 잠시도 쉬지 못하고 점점 파김치가 되어가는 것을 옆에서 지켜보면서 '이건 안 되겠다' 싶어 내가 먼저 남편에게 제안했다.

"여보, 그러다 당신 병이라도 나면 안 되니까 우리 역할을 분담하는 게 어떨까?"

"어떻게?"

"당신은 학교 일에 전념해요. 내가 제자들 돌보는 데 전념할 테니까."

"그거 좋은데? 지금 따로국밥이 되자는 거지?"

"따로국밥?"

나는 좀 의아해서 되물었다.

"그래, 당신은 국, 난 밥이 되는 거야. 서로 떨어져 있지만 각자 임무를 성실히 하면 우린 둘 다 잘할 수 있는 거지. 학교 일도 제대로 하고, 제자 양육도 제대로 하고 말이야."

남편이 신이 나서 따로국밥의 의미를 부연했다.

"당신은 학교의 중요한 책임자니까 학교 일에 최선을 다하세요. 대신 내가 제자들에게 성경을 가르칠게요. 평일에는 내가, 주말에는 당신이 성경을 가르치면 되지요."

"야, 이거 우리가 따로국밥이 되다니 아쉽지만, 주님을 위해 기쁨으로 희생합시다. 하하하."

남편이 호탕하게 웃었다.

"아! 따로국밥보다 더 좋은 표현이 있다. 우리가 호숫가의 백조가 되는 거야. 난 수면 위 백조, 당신은 수면 아래 물갈퀴가 되는 셈이야."

"그건 또 무슨 말이에요?"

내가 다시 남편에게 물었다.

"우린 한 몸이지만 수면 위만 보이는 거지. 수면 위에 드러난 백조는 언제나 우아하게 노닐며 유유히 움직이는 것 같지만, 수면 아래서 쉬지 않고 발을 움직여야 떠다닐 수 있잖아. 난 움직이는 방향만 잡을 뿐, 실제로 일은 당신이 한다는 거지."

"아, 당신은 공적(公的)인 사역을 담당하고, 나는 안 보이게 숨어서 일한다는 거죠?"

"그래 맞아."

우리는 역할 분담을 통해 서로 짐을 지기로 했고, 각자 맡은 일에 최선을 다해 그리스도의 법을 완성해나가기로 했다. 오직 자라게 하시고 상(賞) 주시는 하나님만 바라보면서….

> 그런즉 심는 이나 물주는 이는 아무것도 아니로되 오직 자라나
> 게 하시는 하나님뿐이니라 심는 이와 물주는 이가 일반이나 각
> 각 자기의 일하는 대로 자기의 상을 받으리라 고전 3:7,8

주님의 손이 함께하시매

나는 열심히 학생들을 위해 음식을 준비하고 성경을 가르치
는 일에 전념했다. 남편이 강의하는 대학교에서 교양 과목을 맡아
달라는 요청도 들어왔지만, 다른 일에는 일체 신경을 끊었다. 나
는 제자들과 대부분의 시간을 보내며 성경공부를 해나갔다. 성경
지식을 가르치기보다는 내가 깨달은 은혜를 나누는 데 주력하면
서 자연스럽게 삶을 나눴다.

"나의 하나님은 누구신지, 내가 지은 죄가 무엇인지, 내가 만
난 예수님은 어떤 분이신지, 내가 경험한 성령님은…. 그리고 어
떻게 중국까지 오게 되었는지…."

제자들은 부담 없이 나누는 내 성경공부 방법을 좋아했다. 아
직 예수님을 믿지 않는 학생들도 성경공부를 하자는 말에는 고개
를 끄덕였다. 그들도 성경에 대해 알고 싶었던 것이다. 우리 집에
초대했을 때 뭔가 수상하다며 초대에 응하지 않았던 후앙밍밍이

라는 학생도 그중 하나였다. 그가 예수님을 믿은 후에 이렇게 말했다.

"저는 믿지 않아도 성경공부만큼은 해보자는 권유를 받아들여 사모님과 함께 1년간 성경공부를 하게 되었습니다. 그러는 사이에 저에 대한 안타까움 때문에 눈물지으시는 사모님을 여러 번 보았습니다. 마침내 제 영혼은 큰 감동을 받았습니다. 저는 기숙사 방에서 무릎을 꿇고 기도하다가 예수 그리스도를 제 삶의 주인으로 모셨습니다. 저같이 보잘것없는 존재를 위해 고생도 기쁨으로 감당하시는 사모님을 보며 예수 믿는 사람의 삶을 배우게 됩니다."

사도행전이 따로 없었다. 꼭 우리 집이 사도행전에 나오는 무대 같았다. 안디옥교회를 세웠던 구브로와 구레네 사람들에게 함께하셨던 주님의 손이 우리와 함께하셨다.

그중에 구브로와 구레네 몇 사람이 안디옥에 이르러 헬라인에게도 말하여 주 예수를 전파하니 주의 손이 그들과 함께하시매 수다한 사람이 믿고 주께 돌아오더라 행 11:20,21

시간이 갈수록 우리 집은 앉을 자리가 부족해, 서서 식사를 해야 할 정도로 많은 학생들이 오갔다. 학생들이 많아지니 자연히 사람들 눈에 띄었고, 주변 사람들의 경계를 풀기 위해 처음에 모이면 일부러 유행가를 부르기도 했다. 그렇게 종교적인 모임이 아닌 것처럼 보이려고 애썼다. 그렇다고 지나치게 조심하기만 한 것은 아니다. 제자들은 교수님 집에 놀러오는 것처럼 편하게 왔다. 안전은 지나치게 조심한다고 보장되는 것이 아니라 담대함을 잃지 않고 주님을 의지할 때 지켜지는 것이다. 하나님께서는 우리의 모임을 눈동자와 같이 보호하셨다.

CHAPTER 06

나를 깨뜨리셔서
금같이 연단하시는 주님

내 헌신은 남들과 다르다?

겨울방학이 끝나고 새 학기가 시작되었지만, 봄이 오려면 아직 두 달은 더 기다려야 했다. 겨울에는 석탄 매연이 정말 심각했다. 매캐한 연기가 온 하늘을 뒤덮어 10미터 앞도 제대로 보이지 않았다. 외출했다가 들어와 세수하고 머리를 감은 물이 먹물색이 될 정도였다. 아무리 창문을 닫아놓고 있어도 먼지는 창문 틈새로 계속 비집고 들어왔다. 아침저녁으로 쓸고 닦아도 아무 소용이 없었다.

중국에 온 뒤로 나는 예전에 가정부 아주머니가 해주었던 밥, 빨래, 청소를 허리가 펴지지 않을 정도로 했다. 이런 불편한 환경에서 나를 지탱해준 것은 학생들이었다. 그 아이들이 변해가는 모습을 보는 것이 즐거웠다.

그러나 나의 열심을 힘들어하는 사람들도 있었다.

"은혜 엄마가 너무 열심히 하니까 마치 우린 아무것도 안 하는 것 같아요."

동료 선교사 부인들로부터 이런 불평 섞인 목소리가 들렸다.

나는 선교사 부인들끼리 몰려다니는 것을 별로 좋아하지 않았다. 함께 어울리다가 괜히 다른 사람들 이야기를 하게 되는 게 싫었고, 부인들과 보내는 시간보다 학생들과 보내는 시간이 더 좋았기 때문이다. 그런데 그 분들은 이런 나를 교만하다고 생각했던 것 같다. 선교는 혼자 하느냐는 소리가 점점 커졌다.

그럴 때면 나도 혼자 못마땅한 듯이 중얼거렸다.

"자기 사역에 충실할 것이지, 도와주지는 못할망정 뒤에서 나쁜 소리나 하다니…."

나는 한국에서의 부유한 생활이 몸에 배어서인지 씀씀이부터 차이가 많이 났다. 다른 사람들은 십만 원도 벌벌 떠는데, 나는 학생들을 위해서라면 백만 원도 아깝지 않았다. 학생들에게 필요하다면 돈을 낭비한다는 소리 따위 상관없이 아낌없이 썼다. 다른 선교사 부인들이 나의 첫인상을 보고 3개월이나 버틸까 의심했다고 한다.

나는 일반적으로 생각하는 선교사 이미지, 즉 추레한 복장, 궁

색한 살림살이와 몸에 밴 절약, 꾸미지 않은 머리와는 거리가 멀었다. 나는 오히려 식모인지 사모인지 분간이 안 가게 자기를 가꾸지 않는 부인들이 게으른 사람이라고 손가락질했다. 나는 점점 내 헌신이 남들과는 다르다고 생각했다.

그러나 하나님께서는 이런 나를 그냥 두지 않으시고 깨뜨리는 작업을 시작하셨다.

폐렴과 우울증

그곳은 4월이 돼서야 비로소 봄이 찾아왔다. 그런데 반가운 봄비인 줄 알았던 비가 그칠 줄 모르고 내렸다. 결국 집 천장에서 비가 샜다. 부랴부랴 빗물을 받을 그릇을 마루에 갖다놓았지만, 빗물이 새는 곳은 점점 늘어만 갔다. 빗물을 받는 그릇이며 바가지를 일렬로 늘어놓고 속수무책으로 비가 그치기만을 기다렸다. 그러나 비는 쉼 없이 계속해서 내렸다. 아파트 맨 위층이라 지붕에 올라가 방수 공사를 해야 하는데 그럴 틈도 주지 않았다. 살면서 이런 황당한 일은 처음 겪었다.

갑자기 날씨가 풀리면서 딸 은혜까지 감기에 걸렸다. 방 안에 습기가 많아서인지 은혜의 감기가 낫지 않았다. 약을 먹여도 소용이 없었다. 미국에서 온 의사 선교사는 환경을 바꾸면 나을 거라고 충고했다. 은혜의 상태는 점점 심각해지더니 폐렴이 되고 말았다. 밤새 기침을 하면서 고통스러워하는 은혜를 보면서 차라리 내가 대신 기침을 하고 싶은 심정이었다.

나는 하나님께 애원하며 기도했다.

"제발 제 딸을 고통 가운데서 속히 건져주세요!"

한동안 검은 매연으로 자욱한 하늘 아래 살면서 '그래도 봄이 오면 나아지겠지' 하는 기대감 속에 맑은 날을 기대했건만, 하늘에서는 한 달 내내 비만 뿌려댔다. 나는 날씨에 큰 배신감을 느꼈다. 게다가 은혜의 감기가 폐렴이 되고 보니 날씨만 우울한 것이 아니라 내 마음도 우울해졌다.

습기로 축축해진 집 안 분위기도 나를 점점 무기력하게 만들었다. 마치 흥부네 집처럼 비가 주룩주룩 새는 소리를 하염없이 들어야 했다. 바가지에 빗물이 차면 싱크대에 쏟아버리는 게 하루 일과였다. 그런 식으로 시간을 보내면서, 내 몸도 이 상황을 이겨낼 힘을 잃어가고 있었다.

하루는 은혜기 기침을 하도 해서 목이 다 쉰 채로 내게 하는 말에 억장이 무너지는 것만 같았다.

"엄마, 나 너무 힘들어. 나 좀 살려줘!"

난 은혜를 꼭 끌어안고 흐느껴 울기 시작했다.

"곧 나을 거야. 조금만 참아, 은혜야. 흑흑…."

더는 못하겠어요!

은혜는 몸이 나을 때까지 학교를 쉬기로 했다. 저녁이면 제자들이 와서 빗물 받는 것을 도와주었지만, 낮에는 나와 은혜뿐이었다. 밤낮으로 끊이지 않는 은혜의 기침소리와 빗물소리는 '광란의 합주곡'이 되어 내 마음을 헤집어놓았고, 내 마음의 평화에도 조금씩 금이 가고 있었다.

그러나 남편과 제자들에게는 티를 내지 않고 혼자 해결해보려고 안간힘을 썼다. 나는 몹시 힘겹게 하루하루를 지탱해나갔다. 어느덧 내 입에서 기도와 찬양이 사라지고 감사보다는 걱정과 불안이 밀려왔다.

은혜의 폐렴으로 병원에 다니면서 한 마음고생 역시 말로 다할 수 없었다. 병원에 가면 오히려 병이 더 악화될 것만 같았다. 병원 벽 페인트는 죄다 벗겨져 바닥에 나뒹굴었고, 복도 시멘트 바닥도 여기저기 움푹 파여 있었다. 시설은 지저분하고 열악하기 그지없었다.

문득 미국에서 읽었던 윌리엄 캐리의 전기가 생각났다. 윌리엄 캐리가 인도로 선교하러 간 나이는 서른한 살이었는데, 그는 거기서 다섯 살 된 아들을 잃었다. 선교지에 도착한 지 1년 만에 일어난 비극이었다. 캐리의 아내도 아들을 잃은 충격으로 정신병을 앓다가 끝내 목숨을 잃었다. 우연하게도 남편이 중국에 온 것은 서른두 살이었고, 내 딸 은혜의 나이도 다섯 살이었다. 윌리엄 캐리 가족과 우리 가족의 상태가 비슷해 보였다.

나는 한 달을 넘게 기침하는 딸을 지켜보며 별의별 불안한 생각이 다 들었다. 주님의 말씀이 나를 다스리는 것이 아니라 내 감정이 나를 컨트롤해나갔다. 그럴수록 나는 더욱더 미궁에 빠졌다. 결국 하나님께 고통스러운 마음을 털어놓기 시작했다.

"지금 학생 사역이 날로 부흥하고 있는데, 왜 하필 이때 이런 어려움이 찾아오는 건가요? 옛날에는 하지도 않던 청소며, 빨래, 밥 짓는 것까지 이곳에 와서 문제없이 잘 해냈잖아요. 학생들에게 성경도 잘 가르쳤어요. 근데 이게 뭐예요? 더는 못하겠어요. 아무것도 할 수 없어요. 아니, 아무것도 하고 싶지 않아요!"

한국으로 돌아가자

남편에게 내 마음을 끝까지 감출 수는 없었다. 남편은 내 상태를 눈치 채고 며칠을 고민하는 것 같았다. 그는 고심 끝에 한국으로 돌아가자고 말했다.

"한국에 갔다가 다시 중국으로 돌아오는 것은 전적으로 당신의 결정에 따를게. 지금은 여기를 떠나는 것이 은혜와 당신에게 좋을 것 같아."

나는 그 제안에 동의했다. 요 며칠간 내 머릿속은 온통 '도망

가고 싶다'는 궁리뿐이었다. 결국 우리는 중국에 온 지 1년여 만에 한국으로 돌아가기로 결정했다. 제자들에게는 미안했지만 당시에는 거기까지 마음 쓸 겨를이 없었다. 제자들에게 이 소식을 전하자 다같이 가슴 아파하며 몹시 아쉬워했다.

"빨리 다녀오세요. 은혜가 나으면 바로 오셔야 해요. 너무 보고 싶을 거예요."

"그래, 나도 그러면 좋겠어."

나는 곧 돌아올 것처럼 얘기했지만, 속마음은 그렇지 않았다. 이 정도면 할 만큼 했다고 생각했다.

제자들이 공항까지 배웅을 나왔고 눈물을 흘리며 자신들이 쓴 편지를 전해주었다. 나는 편지 꾸러미를 받아들고 한국행 비행기에 올라탔다. 그 편지가 특효약이 될 줄은 까맣게 모른 채 말이다.

계속 멀미를 할 만큼 힘겨운 비행이 이어졌다. 그런데도 나는 제자들이 건네준 편지 때문에 눈물을 멈출 수가 없었다. 하나같이 선교사님 부부 덕분에 예수님을 믿게 되어 고맙다는 내용이었다. 벅찬 감동이 밀려왔다. 편지를 읽는 내내 하나님께서 나를 계속 위로해주셨다. 나는 그렇게 한국으로 향하는 비행기 안에서 하나님의 달콤한 치유를 맛보았다.

낙심하지 않고 하나님을 신뢰했다면…

은혜는 한국에 와서 치료를 받고 2주 만에 완쾌되었다. 나 역시 한국에 돌아오자마자 다시 중국에 갈 생각이 들 정도로 회복되었다. 우리는 한국에서 잘 먹고 잘 자고 푹 쉬면서 휴식 그 자체를 누렸다. 이 휴식이야말로 다시 중국에 돌아가 더욱 주님을 신뢰하며 사역하게 하는 원동력이 되었다.

난 윌리엄 캐리의 아내 도로시처럼 되어서는 안 된다고 생각했다. 내가 우울증에 빠진 것도 그녀가 정신 질환을 앓은 것도 근본은 하나님보다 자녀를 더 중요하게 여겼기 때문이 아닌가 하는 생각이 들었다.

사람의 심령은 병도 이기게 하는데, 심령이 상하면 어떻게 되겠는가? 우리는 심령이 상하지 않도록 그 기초체력을 높여야 한다. 강한 심령이란 하나님을 절대적으로 의지하는 데서 나오는 것이다.

사람의 심령은 그 병을 능히 이기려니와 심령이 상하면 그것을 누가 일으키겠느냐 잠 18:14

중국에서 보낸 첫 1년은 주님이 주시는 기쁨 가운데 하나님의 일이 무엇인지 깨닫기 시작했으나 미숙한 점이 많았다. 영적 전투의 졸병으로 출전하여 이제 겨우 전투가 무엇인지 조금 알게 된 것이다. 선교지에서 마귀는 우리에게 실망감을 안겨주려고 무진 애를 쓴다. 선교사가 선교지에서 일하지 못하게 막는 방법은 낙심을 심어주는 것이다. 그래서 아무것도 하지 못하게 만들어버리는 것이 사탄의 전략이다. 나는 어찌하든지 주님을 의지하며 이제부터 절대로 낙심하지 않으리라 결심했다.

우리가 사방으로 우겨쌈을 당하여도 싸이지 아니하며 답답한 일을 당하여도 낙심하지 아니하며 핍박을 받아도 버린 바 되지 아니하며 거꾸러뜨림을 당하여도 망하지 아니하고 우리가 항상 예수 죽인 것을 몸에 짊어짐은 예수의 생명도 우리 몸에 나타나게 하려 함이라 고후 4:8-10

선교는 내 힘으로 할 수 없다!

남편도 하나님께서 우리 가족에게 고난을 허락하신 이유가 무엇인지, 지난 시간을 반성해보았다고 했다. 그랬더니 지난 1년간 자신도 모르게 하나님이 아니라 자기중심적인 생각을 많이 했다고 고백했다. 선교사에 대한 막연한 환상을 가지고 있었고 또 대단한 헌신을 한 것이라는 착각이 들었다고 한다. 하나님이 아니라 내가 선교한다고 생각하니까 다른 선교사들을 자기 기준으로 판단하는 잘못을 저질렀다고 말했다.

나 역시 그랬다. 지난 1년간 나는 열정적으로 사역했다. 그런데 그 열정이 나를 교만하게 만들었다. 나는 학생들에게 단연 가장 인기 있는 사모였다. 그렇기 때문에 동료 선교사 사모들과 비교하여 우월감을 느끼곤 했다. 한마디로 내 안에 영적인 교만이 도사리고 있었다.

그러자 동료의식이 사라지고 그들을 비판했다. 게을러 보이거나 이중적인 모습을 보이면 참기 어려워했고, 나만의 잣대를 가지고 상대를 정죄하기도 했다. 일례로 나는 내 딸을 현지 학교에 보냈는데, 선교하러 와서도 자녀교육을 걱정하며 국제학교에 보내려고 하는 사람들을 한심하게 여기기도 했다.

이 일이 있기 전까지, 나는 내가 '영적(靈的) 여걸'이라도 된 줄 알았다. 내 노력이면 뭐든 할 수 있을 것 같았기 때문이다. 그러나 나는 아직도 환경의 지배적인 영향을 받고 감정에 휘둘리는 심령이 연약한 사람이었다. 영적 거장에게는 넘치는 자신감이 아니라 주님 앞에 서는 겸손함이 우러나온다는 것을 깨달았다.

하나님께서는 내 힘으로 한다면 내가 다른 사람보다 나을 것이 없음을 깨닫게 하시기 위해 나를 시험 가운데 두신 것이다. 내가 알지 못해도 하나님께서는 나를 위한 계획을 가지고 계셨고, 그 가운데 힘든 시기를 통과하게 하셨지만, 그 시험을 기쁨으로 여겨야 한다는 것 또한 알게 하셨다.

내 형제들아 너희가 여러 가지 시험을 만나거든 온전히 기쁘게
여기라 약 1:2

한 가지 이유를 더 고백해야 할 것 같다. 이것은 교만한 나의
자아에 관한 문제다. 내가 한국에서 경제적인 여유를 누리며 선교
후원을 할 때, 선교사님들을 우리 집에 모신 적이 여러 번 있었다.
그런데 나에게 그 분들은 어딘가 측은해 보였고 은연중에 나는 선
교사는 불쌍하다는 선입견을 갖게 되었다.

그런데 이제는 반대로 내가 다른 사람에게 그런 모습으로 비
춰진다니, 그것은 나의 자존심이 용납할 수 없는 문제였다. 그래
서 선교하러 가기도 싫었고 선교를 한다고 해도 다른 사람의 후원
을 받지 않으리라 다짐했었다. 그러니까 내 돈으로 선교한다는 생
각이 점점 깊어진 것이다. 이 얼마나 큰 교만인가?

하나님의 일은 내 돈으로 하는 것이 아니다. 하나님이 주신
믿음, 희생과 헌신으로, 하나님이 내게 맡겨주신 물질과 다른 사
람들의 물질과 마음을 모아서 하는 것이다. 그것으로 하나님께 영
광을 돌려야만 한다.

나는 나의 선입견과 교만을 회개했고 하나님이 주시는 깨우

침과 기쁨으로 다시 충만해졌다.

겸손한 중국행

은혜의 상태가 회복되자 나는 남편에게 말했다.

"중국에 돌아가는 거, 내 결정에 따르겠다고 했지? 나 중국으로 돌아갈래. 처음 중국에 갈 때는 기쁨으로 갔지만, 이번에는 겸손함으로 가고 싶어."

"내가 그럴 줄 알았어. 돌아가면 더 크고 놀라운 일을 경험하게 될 거야. 제자들이 너무 보고 싶다. 우리를 통해 예수님을 믿었다는 말에 참 감사하고 책임감을 느껴."

기쁜 마음으로 중국에 있는 제자들에게 전화를 걸었다. 수화기를 돌려가며 한 명 한 명과 통화를 했다. 그러자 하나같이 이렇게 물었다.

"중국에는 언제 오세요? 빨리 오세요!"

"곧 갈게!"

나는 힘주어 대답했다.

그때 우리 가족은 중국에서 비록 1년밖에 살지 않았지만, 우리에게는 엄청난 식구들이 생겼다. 수십 명이 우리 집에 드나들며 만들어낸 삶의 농도는 그 어느 때보다 진하고 강했다. 그렇기 때문에 우리는 쇠붙이가 자석에 들러붙는 것처럼 다시 중국행 비행기에 몸을 실었다.

사랑하는 제자들을 다시 볼 수 있다는 생각에 나는 벌써부터 가슴이 벅차올랐다.

PART 03

주님 뜻을 좇아 사는 인생은
두려울 것이 없다

성령님은 우리가 가는 곳마다 함께하셨다. 기차 여행을 하고 제자의 고향 마을을 찾아갈 때
마다 성령의 놀라운 역사를 체험하는데, 소매치기와 강도를 만난다 해도 어떤 위험과 어려
움을 당한다 해도 우리는 결코 움츠러들 수 없었다. 그리스도를 위해 받는 고난은 내게도
기쁨이었다.

CHAPTER 07

약함을 강함되게 하시는
주님의 세밀한 손길

열리는 마음, 선한 영향력

"최 교수님 가족을 환영합니다!"

공항에는 제자들이 한국어와 중국어로 쓴 현수막을 들고 마중을 나와 있었다. 생각하지 못한 환대에 눈물이 절로 났다. 우리 가족과 재회하는 기쁨을 저렇게라도 표현하고 싶었던 제자들의 마음이 느껴졌기 때문이다.

제자들도 우리가 한국으로 돌아갔을 때, '이제는 끝이구나'라는 생각을 했다고 한다. 그래서 주님을 영접한 제자들이 우리를 위해 뜨겁게 기도했다고 한다.

'아, 제자들이 그동안 우리를 위해 중보기도를 했구나. 그래서 내가 이렇게 금세 힘을 얻었구나.'

나는 지금이라도 힘차게 달릴 준비가 된 경주마가 되어 출발선에 나와 선 것만 같았다.

나는 동료 선교사 부인들에 대해서도 관심을 갖기 시작했다.

당시 선교사 부인들은 남편 손에 이끌려 선교하러 온 경우가 많았다. 심지어 "우리 내일 선교하러 갑시다!"라는 남편의 말 한 마디에 별안간 중국으로 따라온 부인도 있었다. 선교지에서 콩나물, 두부 한 모 산 것까지 재정 보고를 해야 한다는 부담감에 힘들어하시는 분, 경제적으로 어려운 분, 건강이 좋지 않은 분 등 다양했다. 나는 최선을 다해 그 분들의 이야기를 들어주고, 내 시원시원한 성격대로 처방해주었다. 그러다보니 내게 상담을 받으러 오는 선교사 부인들이 생겼다.

어떤 분은 남편을 따라 선교지에 왔지만 하루 빨리 한국으로 돌아가고 싶어 했다. 남편은 그런 아내를 나무랐고 부인은 매일 두통에 시달리며 우울한 나날을 보냈다. 그 모습이 보기에 몹시 안쓰러웠다. 마음이 바뀌지 않으면 어려운 일이다. 다른 누구도 아닌 성령님이 만져주셔야 하기 때문이다.

그 부인의 모습은 내가 선교지에 오기 전의 모습과 다를 바가 없었다. 나는 내 안에 역사하신 하나님의 은혜를 함께 나누었다. 그러자 그 부인도 조금씩 달라지는 것 같았다. 그러던 어느 날 그 분에게서 전화가 왔다.

"은혜 엄마, 나 두통이 말끔히 사라졌어요! 은혜 엄마가 경험한 하나님을 나도 경험했어요. 모든 문제가 내게 있다는 것을 깨달았어요. 하나님께서 나를 만져주셨어요!"

이때 나도 얼마나 감사했는지 모른다.

행복은 마음의 문제

우리가 집을 비운 사이에 제자들은 틈틈이 아파트 관리를 해주었다. 옥상의 방수 공사도 끝마친 상태였다.

물론 그렇다 해도 환경이 크게 달라진 것은 아니었다. 집은 여전히 물도 자주 끊기고 전기도 자주 나갔다. 수도꼭지를 틀면 지렁이가 나오거나 흙이 섞여 나오는 일도 잦았다. 한번은 비가 새는 정도가 아니라 집이 물난리가 난 일이 있었다. 그런데 재미있는 것은 홍수가 났다거나 폭우가 쏟아져서 그런 것이 아니라는 점이다.

단수가 되어 물이 나오지 않던 어느 오후, 물이 나올 때까지 기다린다고 수도꼭지를 약간 틀어놓았다가 깜빡하고 외출을 했다. 그런데 저녁에 집에 들어와 보니 집 안이 온통 물바다가 되어 있었다. 그러자 제자들이 총출동해서 가구를 꺼내고 물을 퍼내고 청소를 한 다음 다시 가구를 들여놓는 수고를 마다하지 않은 것이다.

어느 정도 일이 마무리되자 나는 다들 수고했다며 밀가루 반죽을 밀어 칼국수 잔치를 벌였다. 다들 기운을 많이 써서 그런지 맛이 좋다고 했다. 그런 상황에서 어떻게 요리할 기분이 났는지 지금 생각해도 웃음이 나온다. 분명히 좋지 않은 일이었는데도 서로 농담을 주고받으며 대수롭지 않게 여겼다. 집에 비가 좀 샌다고 우울증에 걸렸던 예전과는 사뭇 달라진 모습이었다.

안 좋았던 기억을 웃을 수 있는 기억으로 바꿔주신 하나님께 감사했다. 언제나 문제는 열악한 환경에 있는 것이 아니라 내 마음에 있었다.

딸에게서 배우는 하나님의 마음

딸 은혜가 다시 학교에 나가게 되었다. 은혜는 언제 아팠는가 싶게 학교생활에 잘 적응해갔다. 중국에 와서 친구들을 많이 사귄 모양이었다.

어느 오후, 은혜가 학교에서 오자마자 배가 고프다고 했다. 도시락을 싸주었는데 그 시간에 배가 고프다니 이상해서 은혜에게 물었다.

"엄마가 싸준 도시락은 어쩌고?"

"친구한테 줬어."

"뭐라고? 왜?"

"응, 그 애가 도시락을 못 싸왔더라고. 매일 굶는 것 같아서 내 도시락을 줬어."

"그럼 넌 점심시간에 뭐하고?"

"난 그냥 운동장에서 놀았어."

"엄마한테 미리 말하지 그랬어?"

아이를 나무라기는 했지만, 어린 딸이 기특했다. 그 후로 나는 은혜 손에 도시락을 하나 더 들려 보내고 그 친구를 자주 불러서 먹을 것을 챙겨줬다. 은혜 덕분에 내 손길이 더욱 바빠졌지만 말이다.

또 하루는 딸이 이렇게 물었다.

"엄마, 내 한 달 용돈을 한꺼번에 줄 수는 없어?"

"그럼 20위안인데 뭐에 쓰려고?"

내가 일주일에 은혜에게 주는 용돈은 5위안으로, 택시 한 번 탈 수 있는 정도의 적은 돈이었다.

"학교에 20위안을 내야 하는데, 친구가 그걸 못 내서 선생님한테 혼나는 걸 봤어. 내 용돈으로 친구 걸 대신 내주고 싶어."

나는 딸에게 어려운 친구를 위해 베풀려는 마음은 참 좋은 거라고 말해주었다. 그리고 그런 마음이 우리를 향한 하나님의 마음이라고 은혜에게 알려주었다. 내가 아이를 가르치는 것이 아니라 도리어 내가 아이에게서 배울 때가 참 많다.

하나님의 자녀는 하나님이 키우신다

초등학교 5학년 때는 이런 일도 있었다. 은혜가 주일 아침에 밥을 먹지 않겠다고 했다. 주일예배를 드리고 왔는데 점심도 안 먹겠다고 해서 속이 안 좋은가 했다. 그래도 저녁은 먹겠지 했는데 저녁까지 안 먹겠다는 것이다. 무슨 일이 있는지 걱정스러워 물었다.

"은혜야, 어디 아프니? 그럼 엄마한테 말을 해야지, 밥을 계속 안 먹으면 어떻게 해?"

"나 아픈 데 없어."

딸아이는 아무렇지 않다는 듯 말했다.

"그럼 왜 밥을 안 먹어?"

"엄마, 얼마 전에 북한에서 온 아이들을 봤잖아."

"그래, 그 아이들은 요즘 잘 지내고 있어. 안전하게….."

내가 대답했다.

"근데 그중에 어떤 언니는 나이가 나보다 훨씬 많은데도 키가 아주 작았어. 그리고 삐쩍 마른 게 얼마나 불쌍한지 몰라. 엄마, 지금 북한에서는 많은 사람들이 굶어 죽는대. 그 사람들이 얼마나 배가 고플까, 얼마나 힘들까 생각해봤어. 그리고 도대체 배고픈 게 얼마나 힘든 건지 나도 느껴보고 싶어서 하루 굶기로 한 거야. 나 안 아프니까 엄마 걱정하지 마."

나는 은혜의 말에 머리를 한 대 얻어맞은 기분이었다. 그 아이들을 돕고 있던 나도 미처 그런 생각을 하지 못했는데, 굶주리는 아이들의 고통에 동참해보려고 한 은혜의 마음이 참 귀했다. 그리고 은혜에게 사랑의 마음을 심어주신 하나님께 감사했다.

은혜가 처음 중국에 와서 학교에 다닐 때, 재래식 화장실이 무섭다며 학교 화장실에 못가겠다고 했다. 몇 날을 참기만 하다가 급기야 옷에 똥을 싸고 집에 온 적도 있었다. 나는 부모로서 어린 딸에게 미안한 마음이 들었다. 하지만 그 당시 우리의 각오를 다짐하는 것처럼 이렇게 말했다.

"은혜야, 엄마 아빠는 중국에서 살다가 죽을지도 몰라. 이곳 언니 오빠들을 가르치고 복음을 전하면서 살아야 할 것 같아. 그러니까 은혜도 힘들겠지만 이곳 생활에 적응해야 해."

어찌 보면 어린 딸에게 아주 매몰찬 말이었는데도, 은혜는 그 말을 듣고 가만히 고개를 끄덕여주었다. 은혜는 그런 딸이었다.

딸은 난방도 잘 안 되는 추운 교실에서 발을 동동 구르고 귀를 비벼가며 공부했을 텐데도 자기보다 더 불쌍한 친구들을 생각하고 사랑하는 자녀로 자라났다. 내가 기른다고 생각하지 않고 하나님께 맡기자 하나님께서는 정말 놀랍게 은혜를 돌보셨고 하나님이 기뻐하시는 자녀로 양육해주셨다.

북한 꽃제비들에게 복음을

당시 우리는 북한 꽃제비(일정한 거주지 없이 떠도는 탈북 청소년이나 어린이) 다섯 명을 지원하고 있었다. 죽음을 무릅쓰고 두만강을 건너온 그 아이들을 처음 집에 데려왔을 때가 생각난다. 뭘 먹겠느냐고 하면 그저 "밥이요, 밥이요!" 하고 밥만 외치던 아이들이었다. 은혜 말대로 열일곱 살이라고 하지만 아홉 살 정도로 보이는 그런 아이들이었다.

나는 은혜가 그 아이들을 위해 금식한다는 이야기를 들었을 때 그것을 하나님이 내게 주시는 음성으로 여겼다. 우리는 아이들이 살 집을 마련해서 예수님을 믿는 현지인에게 아이들을 돌보도록 했다.

우리가 아이들을 직접 돌보지 못하는 데는 이유가 있었다. 우리는 북한 사역을 재정적으로 돕더라도 전면에는 나서지 않는다는 원칙을 세워두고 있었기 때문이다. 특별한 경우를 제외하고 우리는 이 원칙을 지켰다. 이 원칙을 지키지 않고 직접 나설 경우 선교사들은 강제 출국 조치를 당하고, 탈북자들은 곧바로 북한으로 송환되는 일이 비일비재했기 때문에 늘 긴장하고 조심하지 않으면 안 되는 시기였다.

그러나 탈북 아이들을 대할 때는 예외를 두기도 했다. 특별히 그 아이들에게 그리스도의 복음을 전하고 싶었기 때문이다. 그렇게 용기를 내서 돌보기 시작한 아이들이 날이 갈수록 혈색이 좋아지고 살이 오르기 시작했다. 그 집에 들러서 아이들을 만날 때에도 우리가 기독교인인 것을 밝히지는 않았다. 처음부터 기독교인이라고 하면 제자들이 그랬듯이, 우리를 간첩으로 의심할까봐 조심스러웠다. 더욱이 아이들이 처음 보는 남한 사람이었기 때문에 경계심부터 풀어주고 싶었다.

중국에 처음 와서 제자들과 친해지기 위해 했던 게임을 이 아이들에게도 가르쳐주었다. 아이들은 처음에는 멋쩍어 하더니 나중에는 깔깔거리며 좋아했다. 노래도 역시 서로 친해질 수 있는 자연스러운 수단이었다. 우리는 아이들에게 먼저 북한 노래를 배웠고 그 다음에는 우리가 좋아하는 복음성가를 율동과 함께 아이들에게 가르쳐주었다. 아이들이 정말 좋아했다.

아이들은 그렇게 서서히 마음의 안정을 찾아갔다. 하나님의 사랑은 아이들의 언 마음을 녹이고 흘러갔다. 이제 아이들도 예수님을 영접하기에 이르렀다.

그렇게 6개월의 시간이 흘렀다. 어느 날 한 아이가 나를 불러 말했다.

"아주마이, 내 드릴 말씀이 있습다."

"뭔데 그러니?"

"우리 이제 북으로 돌아가겠습다."

"아니! 그게 무슨 말이야? 너희들이 어떻게 이곳까지 왔는데! 죽을 고비 다 넘기고 이제 좀 먹을 걱정 없이 살게 됐는데, 무슨 소리야?"

나는 펄쩍 뛰면서 말했다.

"저희 집에는 할머이가 있슴다. 어머이 아부지는 양식 구하러 나가서서 1년이 넘도록 돌아오질 않았슴다."

"그래도 그렇지. 너희들까지 굶어죽기라도 하면 어쩌려고 그래?"

"우리가 떠날 때 할머이하고 약속했슴다. 무슨 일이 있어도 반드시 할머이 굶어죽지 않게 먹을 양식 구해오겠다고."

그 말을 듣는 내 가슴이 타들어갔다. 어쩌다 우리 형제자매가 이 지경이 됐는지….

우리는 아이들의 결단을 존중해주기로 했다.

"너희들이 정말 자랑스럽다. 이렇게 할머니를 사랑하니 분명히 하나님께서 너희들의 안전을 지켜주실 거야."

꽃제비 아이들이 전하는 하나님

우리는 하루 날을 정해 마지막 만찬을 나눴다. 아이들이 다시 허기진 배를 움켜쥘 것을 생각하니 마음이 아렸다. 마지막으로 먹는 불고기와 쌀밥일는지 몰라 실컷 먹게 해주고 싶었다. 모두들 약속이나 한 듯 아무 말 없이 그저 먹기만 했다. 누군가 입을 떼면 금방 울음이 터질 것만 같았다.

그렇게 식사를 마치고 두만강 편으로 가서 국경 부근 어느 과수원에 들어가 숨었다. 주변이 캄캄해지기만을 기다렸고 그렇게 자정쯤 되자 국경 경비원들의 경계에도 틈이 보였다. 아이들과 헤어져야 할 시간이 된 것이다. 우리는 아이들 한 명 한 명을 부둥켜안고 아이들의 안전을 위해 간절히 기도했다.

우리는 아이들에게 무엇을 줄까 고민했다. 양식을 챙겨주자니 혹시라도 국경 경비원에게 잡히면 꼼짝없이 빼앗길 것이 뻔했다. 남편은 아이들에게 쌀보다는 돈을 보내주자며, 나오기 전에 나에게 귓속말로 이것저것을 일러주었다. 나는 그 말대로 준비물(?)을 착실히 준비해갔다.

우리는 100달러짜리 지폐를 꼬깃꼬깃 말은 다음 풀리지 않게 사탕 껍질로 돈을 다시 꽁꽁 쌌다. 그리고 준비해간 참기름을 바른 후 아이들의 엉덩이 사이에 좌약처럼 넣어주었다. 그 돈이면 한 가족이 1년은 생활할 수 있다는 이야기를 들었다. 그것은 남편이 생각해낸 기발하고 안전한 방법이었다.

그날 이후로 우리는 그 아이들을 다시는 보지 못했다. 하지만 하나님께서 아이들의 안전을 지켜주셨을 거라고 믿는다. 나는 그 아이들이 집으로 돌아가 자신들이 만난 하나님을 친구들에게 몰래 전하는 모습을 상상해보기도 한다. 정말 감사한 것은, 이제는 그 아이들이 영생(永生)을 소유한 하나님의 백성이 되었다는 사실 이다.

CHAPTER 08

주님께 맡긴 인생은
생명의 위협도 두렵지 않다

기차 선교 여행

나는 중국에 와서 기차 여행은 정말 원 없이 해보았다. 일일이 다 세어보지는 않았지만 백 번은 족히 넘을 것이다. 혹자는 선교하러 와서 태평하게 무슨 여행이냐고 할는지 모르지만, 그것도 다 선교의 일환이었다.

학기 중에 산염이나 폐결핵 같은 실병에 설려 유학한 제자들을 위문하러 갈 때에도, 시골에 사는 제자들의 집을 방문하려고 해도 어김없이 기차를 타야 했다. 방학이 되면 기차를 타는 횟수는 더 많아진다. 그 밖에도 시골 교회 건축을 돕는 일로 나설 때에도 기차를 탔고 공휴일이 연이어 있으면 으레 기차 여행을 생각했다. 기차를 한번 타면 10시간은 기본이었으니 여행이라고 할 만 했다.

사실 나는 다른 것보다 제자들과 함께하는 '여행' 그 자체가 무척 좋았다. 학교와 집이라는 제한된 장소에서만 제자들을 보다가 여행을 하면서 제자들의 새로운 면면을 발견하는 일이 즐거웠다. 여행이 주는 자유로움 때문인지 제자들의 마음도 한층 더 열리는 것 같았다. 특히 제자들의 구체적인 가족 관계나 성장 배경, 어린 시절 이야기들은 거의 기차 안에서 나누었다. 좁은 좌석에 몸을 맞대고 앉아 장시간 이야기를 나누다보니 친밀해지는 것은 두말할 나위가 없었다.

　겨울에 타는 기차가 얼마나 추운지 아마 타보지 않은 사람은 모를 것이다. 뼛속까지 찬 기운이 스며서 오슬오슬 떨렸다. 내가 추위에 벌벌 떨다가 피곤해서 잠시 눈을 붙였는데, 제자 어깨에 머리를 기대고 잠든 모습이 무척 처량해 보였나보다. 그 모습을 보고 기독교에 대해 품었던 반감이 약해지고 마음 문이 열리기 시작했다는 제자들도 있었다.

내가 당하는 고난이 도리어 복음의 진보가 된다면

　기차 여행을 하며 겪는 어려움도 한두 가지가 아니었다. 요즘은 많이 사라졌지만, 전에는 소매치기가 정말 많았다. 가방을 여러 번 찢기기도 했는데, 이런 것은 아주 경미한 일에 불과했다.

　한번은 폐결핵에 걸린 제자의 집을 방문했다가 돌아오는 길이었다. 기차를 갈아타느라 무단장이라는 곳에 잠시 정차했다. 이른 아침, 배도 출출하고 해서 역 근처 식당에 들어갔다. 주문한 음식이 나와 숟가락을 들었는데, 밥이 설익어서 제자들이 밥을 바꿔 달라고 했다. 그런데 종업원이 다짜고짜 "어린 것들이 주는 대로 먹을 것이지"라고 하며 제자들을 주먹으로 때리기 시작했다. 제자들이 계속 맞는 것을 차마 볼 수 없어서 나도 나섰다.

"난 외국인인데 이러지 마세요."

그러자 그가 "당신은 뭐야!" 하더니 나를 한 대 쳤고, 나는 그 자리에서 기절했다. 내가 다시 눈을 떴을 때는 기차 안이었다. 눈앞에 제자들의 얼굴이 하나둘 보이기 시작했다.

제자들이 안도의 숨을 내쉬며 말했다.

"우리는 사모님이 잘못되는 줄 알았습니다."

"아니 어떻게 된 거야? 이 기차는 어떻게 탔어?"

"사모님이 쓰러지시니까 눈에 불이 나더라고요. 그냥 맞고만 있으면 안 되겠다는 생각에 맞서서 싸웠어요. 그런데 워낙 힘이 센 놈이었습니다."

"그래서 그 사람은 어떻게 됐니?"

"한참 싸우는데 동네 청년들이 와서 식당 종업원을 말렸습니다. 알고 보니 술이 덜 깬 상태더라고요. 혼쭐을 내줄까 하다가 참았습니다."

"살다보니 별일을 다 겪는구나. 그런데 기차는 어떻게 탄 거야?"

"동네 청년들이 그 종업원을 잡고 있는 동안, 우리가 사모님을 업고 기차에 올랐지요."

하지만 나는 이런 일을 당해도 겁나지 않았다. 내가 봉변을 당했다고 여행을 그만두고 그들을 찾아가 위로하는 일을 그만둔다면 그들에게 어떻게 복음이 들어갈까 생각하니 없던 힘도 솟아났다.

오히려 그 일 이후, 제자들은 꿋꿋한 나의 믿음에 도전을 받기 시작했다.

동네로 들어가 복음을 전파하며

나는 제자들과 함께 시골 마을을 찾아가 동네 사람들에게 복음을 전하기도 했다. 홀어머니 슬하에서 자란 징허라는 제자의 시골집에 갔을 때의 일이다.

처음 그 마을에 갔을 때는 말 한마디 건네기가 어려웠다. 돌아오는 것은 동네 사람들의 차가운 반응뿐이었다. 우리는 사람들을 모으기 위한 접촉점이 필요하다는 판단 아래 마을 사람들에게 의료 혜택을 베풀기로 했다. 미국에서 온 의료진들을 마을로 데려가 주민들을 대상으로 진료를 실시했다.

진료 후에는 징허 어머니에게 미리 부탁해둔 음식으로 마을

잔치를 열었다. 제자들이 노래를 부르며 분위기를 흥겹게 이끌면서 자신들을 예수 믿는 사람이라 소개했다. 예수님께서 네 이웃을 네 몸과 같이 사랑하라고 말씀하셨다고 복음을 전했다. 하지만 그때 예수님을 믿은 사람은 징허의 어머니뿐이었다.

이듬해 여름방학이 되자 우리는 의료진과 제자들을 데리고 또다시 징허의 시골로 찾아갔다. 마을 사람들은 깜짝 놀라는 눈치였다. 여기저기서 이런 소리가 들려왔다.

"작년에 한 번 오고 말 줄 알았는데 또 왔네. 이 사람들, 우리에게 진짜 관심이 있는 건가? 거짓말이 아닌가 보네."

1년간 징허의 어머니가 마을 사람들을 전도하느라 많은 노력을 기울였다는 이야기를 들었다. 이번에는 의료 사역과 함께 본격적으로 전도 집회를 3일간 열었다. 마을 주민 50여 명이 참석한 가운데 우리가 준비한 연극을 보여주고, 찬양을 가르쳐주면서 복음을 전했다. 마지막 날이 되자 온 마을 사람들이 회개하고 예수님을 주님으로 영접하기에 이르렀다. 성령님이 사람들의 마음을 감동시켜주신 것이다. 그 기쁨을 어찌 다 말로 할 수 있을까.

성령님은 우리가 가는 곳마다 함께하셨다. 기차 여행을 하고 제자의 고향 마을을 찾아갈 때마다 성령의 놀라운 역사를 체험하는데, 소매치기와 강도를 만난다 해도 어떤 위험과 어려움을 당한다 해도 우리는 결코 움츠러들 수 없었다.

사랑이 꽃피는 시간

충집(아파트)에 사는 게 꿈이라는 남편의 제자 자오리밍이 간염에 걸려 휴학을 하고 시골로 내려가게 되었다. 학교 일로 바쁜 남편을 대신해서 나와 제자들 몇 명이 배웅 차 함께 다녀오기로 했다.

찌는 여름, 담배 연기로 가득 찬 기차를 세 번이나 갈아타고 또다시 버스를 타고 들어가는 그야말로 시골이었다. 집으로 가는 동안 자오리밍은 말이 없었다. 이틀이 걸려 도착한 마을 따씽촌, 초라한 흙집(초가집)에 들어서자 자오리밍처럼 순수해 보이는 그의 가족과 만났다. 그날 밤 방 하나에 일렬로 누워 잠을 자는데, 자오리밍은 밤새 잠을 이루지 못하고 숨죽여 울었다.

다음날, 역까지 따라 나온 자오리밍은 끝내 울음을 터뜨렸다. 나 역시 부끄러움을 잊은 채 기차에 오른 다음에도 안타까운 눈물로 마음을 씻어야 했다. 집으로 돌아오면서도 자오리밍의 마지막 모습이 눈에 어른거렸다. 사정이 어려운 집에서 보양도 제대로 하지 못할 자오리밍을 생각하니 마음이 미어졌다.

그들을 향한 사랑의 꽃이 피어나면서, 우리는 우리가 살던 아파트 바로 옆에 아파트를 하나 임대하여 제자들 몇 명이 함께 지내도록 했다. 질병으로 휴학하는 학생들은 좌절감과 불안감에 빠지는 경우가 많다. 그래서 나는 그들의 몸과 마음의 치유를 위해 최선을 다했다.

사랑의 복음을 전하다

사실 나는 그렇게 사랑이 많은 사람이 아니었다. 오히려 사랑할 줄 모르는 사람이었다. 사랑을 받는 데 익숙했고, 다른 사람에게는 별반 관심이 없었다. 이런 나에게 사랑을 알게 해주시려고 하나님은 하나님의 사랑에 더하여 사랑이 많은 분들을 내 곁에 보내주셨다. 돌아가신 친정엄마는 물론이고 며느리를 섬겨주시던 시어머니의 각별한 사랑도 그렇다.

처음 중국에 와서 내가 동료들과의 관계로 힘들어할 때마다 신기하게도 시어머니가 전화해주셨다.

"결심하고 갔으니 기쁘게 선교하렴. 힘내라, 내가 기도하고 있지 않니!"

그때마다 나는 참 많은 위안을 받았다.

중국에 오기 전에, 나는 '사랑의 은사'를 구했다. 예수님의 사랑에야 미치지 못하더라도 시어머니가 내게 베풀어주신 그 사랑을 나도 나눌 수 있게 해달라고 밤마다 기도했다. 사랑할 줄 모르던 내가 그들의 아픔을 내 아픔으로 여기며 사랑하기를 원했다. 나에게도 사랑의 은사를 주신 것일까? 중국에서의 여러 만남을 통해 나는 흐르는 눈물을 주체하기 힘들 때가 많았다. 영혼에 대한 사랑 때문에 가슴에 멍이 들었다.

사도 바울의 고백이 나의 고백으로 다가왔다.

누가 약하면 내가 약하지 아니하며 누가 실족하게 되면 내가 애
타하지 않더냐 고후 11:29

나는 자오리밍의 집에 다녀온 후 그의 부모님에게 기독교 서
적과 찬양 테이프를 보내드렸다. 부모님이 교육자들이라 그런지
책 읽는 것을 무척 좋아하셨다. 드디어 자오리밍의 부모님이 예수
님을 영접하기에 이르렀다. 특히 그의 어머니는 교회에서 눈이 어
둡거나 글을 몰라 책을 보기 어려운 어르신들에게 매주 성경을 읽
어드린다는 이야기를 들었다.

그 사이 자오리밍도 건강이 회복되어 학교에 복학했다. 그는
전교 수석을 놓치지 않는 실력과 신앙을 겸비한 학생으로 성장했
다. 그러나 그에게 또 한 번의 슬픔이 찾아왔다. 자오리밍의 아버
지가 갑자기 뇌출혈로 돌아가신 것이다. 한국에서 수술할 만한 병
원이 있는지 알아보는 중이었는데 참으로 안타까웠다.

나는 또 한 번의 장거리 기차 여행을 떠났다. 이번에는 휴학
중이던 닝만과 함께 갔다. 자오리밍 집에 도착했을 때 나는 지칠
대로 지쳐 있었다. 그러나 자오리밍 아버지의 유언을 전해 듣고

피곤이 감쪽같이 사라졌다.

"하나님은 살아 계신다. 우리 가족 모두 예수님이 우리의 구원자가 되시는 것을 믿어야 해!"

자오리밍의 아버지가 남기신 마지막 말이었다. 유언대로 자오리밍의 가족은 모두 주님을 믿게 되었다.

강도의 위험을 당해도

장례식이 끝난 뒤 기차를 타고 무단장까지 왔다.

무단장은 전에 식당 종업원에게 맞아 기절한 적이 있는 바로 그곳이다. 같이 가겠다고 따라나선 자오리밍이 아버지를 떠나보낸 슬픔 때문이었는지 고열이 났다. 병원에서 주사를 맞았는데도 열이 좀체 내리지 않아 나는 마음이 조급해졌다. 빨리 돌아가야겠다는 마음뿐이었다.

새벽 기차를 갈아타려면 12시간을 기다려야 했다. 택시를 타도 5시간은 걸리지만 기차보다는 나을 것 같아서 택시를 잡았다. 장거리라 행선지를 말하고 가격을 흥정한 다음 자리에 앉았나. 덱시비는 당시 일반 노동자들의 한 달 월급 정도 되는 큰돈이었다. 앞자리에는 닝만이 탔고 나는 자오리밍과 함께 뒷좌석에 탔다.

그런데 갑자기 택시 기사가 소리를 쳤다.

"외지인이 택시를 탔다!"

택시 기사는 출발할 생각을 하지 않고 계속 소리를 질러댔다. 그 소리를 듣고 다른 택시 기사들이 벌떼같이 몰려들었다. 그들은 우리가 탄 택시를 둘러싸더니 차를 들썩거리며 말했다.

"너희들 잘 만났다. 외지 놈들이구나. 돈을 더 내놓지 않으면 집에 갈 생각하지 마!"라고 위협하면서 앞자리에 탄 닝만을 주먹으로 치기도 했다. 그렇게 1시간이 넘도록 실랑이를 벌였다.

"이대로 있다가는 우리 모두 죽을지도 몰라요."

옆자리에 탄 자오리밍이 겁에 질린 채 말했다.

우리는 가지고 있던 현금을 속수무책으로 다 털렸다. 나 역시 무서웠지만 제자들을 안심시켜야 했다. 순간, 집을 나설 때 제자들이 준 편지를 외투 속에 넣은 것이 떠올랐다.

"동행하지 못해 죄송한 마음입니다. 부친상을 당한 자오리밍의 슬픔을 나누기 위해 멀고 험한 길을 마다하지 않으시는 사모님의 사랑에 고개가 숙여집니다. 가시는 곳은 소매치기도 많고 특히 강도가 많기로 소문난 곳입니다. 각별히 조심하십시오. 저희가 비록 함께 갈 수 없어 이곳에 남아 있지만 사모님의 안전한 여행을 위해 간절히 기도하겠습니다. 하나님께서 함께하실 겁니다."

제자 황중선

위험한 지역임을 잘 아는 제자들이 우리의 안전을 위해 기도한다는 내용의 편지다. 제자들이 기도하고 있다고 생각하니 위험한 상황에서도 평안한 마음을 찾을 수 있었다.

안전을 지켜주신 하나님

우리를 태운 택시가 갑자기 출발했다. 그리고 우리를 알 수 없는 곳으로 데려갔다. 뒤따라온 택시 몇 대에서 기사가 내리더니 우리의 짐을 다 뒤져서 기어이 잔돈까지 다 가져가버렸다. 택시는 또다시 이동하여 운전자를 바꾸더니 칠흑 같은 어둠속을 하염없이 내달렸다.

그때 내가 할 수 있는 일이라고는 잠잠히 기도하는 일뿐이었다. 두세 시간쯤 지났을까 정신을 좀 차리니 말을 건넬 용기도 생겼다. 운전자에게 어디로 가느냐고 물었다. 그랬더니 놀랍게도 우리가 가고자 한 목적지로 가는 중이라고 했다. 불행 중 다행이었다. 다 빼앗고 기리에 버리지 않은 것만 해도 고마워해야 할 일이었다.

그는 처음에 본 택시 기사가 아니었다. 돈은 강도로 돌변한 택시 기사들이 다 가져가고 대리 운전자를 고용해서 우리를 데려다주는 것 같았다. 그들에게도 일말의 양심이 있다는 것이 신기했다. 우리의 안전을 지켜주시는 하나님께 감사드렸다.

비포장도로를 두어 시간 더 달리니 익숙한 풍경이 눈에 들어왔다. 우리가 사는 동네가 가까워지자 택시 운전자가 조금씩 두려워하는 기색을 보였다. 혹시 자기에게 불똥이 튈까봐 걱정하는 것 같았다.

"사모님, 이놈한테 화풀이합시다. 놈을 죽지 않을 만큼 때려 줄 테니 사모님은 못 본 척하고 계세요."

앞자리에 있던 닝만이 나에게 귓속말로 말했다.

하지만 나는 생각이 달랐다. 그들이 왜 이런 일들을 하는지 알고 싶었다. 운전기사의 말을 더 들어보니, 돈도 돈이지만 지역 갈등 때문에 서로 보복하는 악습이 남아 있었다. 우리가 사는 곳이 우리가 택시를 탄 지역과 갈등이 있는 곳이었다. 그리고 택시 끼리도 택시 번호판으로 지역 구분이 되니까 상대 지역에 가면 서로 앙갚음을 한다는 것이다.

왼뺨도 돌려 대는 심정으로

"보복은 보복을 낳는 거야. 이럴수록 우리가 믿는 사람으로서 아량을 베풀자. 저 사람, 지금 무지 겁먹었어. 우리가 사는 지역으로 왔으니 이제 우리가 강자가 된 거 아니니? 예수 믿는 자로서 우리가 저 사람에게 예수님의 가르침을 실천하자."

나는 닝만에게 통역을 부탁했다. 그리고 그 운전자에게 이런

악습을 되풀이하며 사는 것이 잘못임을 알아듣도록 분명히 설명
했다. 또 그가 안전하게 돌아갈 수 있는 길까지 안내해주었다.

"하나님, 이런 반목이 더 이상 일어나지 않게 해주세요."

나는 하나님께 간절히 기도했다.

네 이 뺨을 치는 자에게 저 뺨도 돌려대며 네 겉옷을 빼앗는 자
에게 속옷도 금하지 말라 눅 6:29

나는 뺨을 맞은 자의 기분이 어떨까 상상해보았다. 그때 내
심정이 딱 그랬다. 나도 마음 같아서는 이 사람을 경찰서로 데려
가 빼앗긴 돈도 되찾고 속 시원하게 패주고 싶었다.

그러나 그 영혼들이 불쌍하다는 생각이 들었다. 보복하는 순
간 나도 그들과 똑같은 사람이 된다는 것도 알고 있었다. 우매한
사람들 때문에 만들어진 악습을 우리라도 바로잡아주어야 한다
고 생각했다.

예수님은 우매한 나를 사랑하시느라 온갖 조롱과 멸시를 받
으셨다. 아니, 나에게 그런 멸시와 조롱을 받으셨다. 하물며 주님
이 이런 나를 사랑하셨는데, 우리가 저들을 사랑해야 하는 것은
당연한 일이었다.

예수 그리스도를 위하여

이 사건은 내가 겪은 사건들 중 가장 어렵게 예수님의 말씀에 순종했던 사건이었다. 그 일 이후 나는 일주일이 넘게 이가 아팠다. 택시 기사들이 강도로 돌변하면서 차를 마구 흔들 때 겁을 먹고 나도 모르게 이를 악물었던 것이다. 너무 긴장하고 떨었더니 한동안 온몸이 쑤시고 몸살이 났다.

그러므로 내가 그리스도를 위하여 약한 것들과 능욕과 궁핍과 핍박과 곤란을 기뻐하노니 이는 내가 약할 그때에 곧 강함이니라 고후 12:10

나는 부자로, 호사를 누리는 자로, 강한 자로 사는 것이 주님으로부터 복을 받는 것이라고만 생각했다. 그런데 바울의 말처럼 약한 것들을 기뻐하고 약한 처지에 놓이더라도 달게 받는 것은 내가 약할 때 그때가 가장 강하기 때문이었다. 그것이 곧 예수 그리스도의 십자가 능력이었다.

자오리밍도 일주일을 앓아누웠다가 자리에서 일어났다. 나중에 들은 말이지만, 그는 내가 의연하게 대처하는 것을 보면서 성령님이 함께하시는 것을 느꼈다고 했다. 물론 나도 무척 겁이 났다. 하지만 내 한 몸의 안위를 걱정하기보다 어른으로서의 책임감이 앞섰고 반드시 학생들을 살려야 한다는 사명감이 살아났다.

　사도 바울이 '그리스도를 위하여' 능욕, 궁핍, 핍박, 곤란을 기뻐할 수 있다고 한 이 말씀이 내가 직접 어려움을 겪고 나서 보니 더욱 생생하게 다가왔다. 그리스도를 위해 받는 고난은 내게도 기쁨이었다. 물론 사도 바울이 수차례에 걸친 전도 여행 중에 당한 갖가지 위험에 비한다면 비교도 되지 않는 경험일 뿐이다.

　　여러 번 여행에 강의 위험과 강도의 위험과 동족의 위험과 이방
　　인의 위험과 시내의 위험과 광야의 위험과 바다의 위험과 거짓
　　형제 중의 위험을 당하고 또 수고하며 애쓰고 여러 번 자지 못
　　하고 주리며 목마르고 여러 번 굶고 춥고 헐벗었노라 고후 11:26,27

CHAPTER 09

믿음은 세상이 감당치 못할
사람을 만든다

한 영혼도 포기하지 않으시는 하나님

1994년 여름방학 때 제자들과 여행을 갔다가 만난 씽푸라는 학생이 있다. 그 학생은 제자 중 한 명의 친구였는데, 부모님을 두 분 다 여의고 어렵게 의대 공부를 하고 있었다. 나는 돕고 싶다는 마음에 그에게 용돈을 약간 주었다. 그런데 그것이 그 학생의 자존심을 건드렸나보다. 나에게 직접 말하지는 못하고 나중에 친구에게 자신을 동정하는 것 같아 자존심이 상했다는 이야기를 했다는 말을 들었다.

나는 그런 뜻이 전혀 없었기에 당황스러웠다. 나는 나의 진심을 담아 그 학생에게 겨울방학이 되면 우리 집에 놀러오라는 내용의 장문의 편지를 썼다. 그는 내 정성어린 편지에 마음의 빗장을 열고 방학 때 우리 집에 왔다. 이런 가족 같은 분위기를 정말 오랜만에 본다며 매우 좋아했다. 그는 가족이 사람이 그리웠던 것 같다.

씽푸는 그렇게 방학 때마다 우리 집에 와서 지내면서 성경공부도 했다. 그렇지만 예수님을 절대 믿지 않았다. 나에게 몇 번이나 미안하다면서 도저히 믿지 못하겠다는 대답만 되풀이했다.

그는 대학을 졸업하고 난 후에 외과의사가 되었다. 어느덧 1년에 맹장수술만 500번을 넘게 할 정도의 베테랑 의사가 되었다. 그런 그가 수술을 하다가 그만 실수를 하고 말았다. 손을 다친 환자의 수술이었는데 수술 후에도 계속 아프다고 해서 조사해보니 수술한 손 부위에 칼 조각이 남아 있었던 것이다.

환자가 수술 전에 칼 조각이 있을 수도 있다고 말했다는데, 그당시 그는 그 말을 듣지 못했다. 그런데 간호사는 그 말을 들었다고 하는 것이 아닌가. 자신은 듣지 못했지만 환자가 한 말이 사실이었기에 그는 지신의 실수를 인정하고 재수술한 후 환자에게 손해배상까지 했다.

그 일이 일어난 직후에 씽푸가 나에게 전화를 했다.

"사모님, 왜 제게 이런 일이 일어난 걸까요?"

나는 이때가 기회다 싶었다. 하나님이 그에게 돌이키도록 고난을 주신 것 같았다. 그는 완벽주의자였고, 좀처럼 남에게 의지하지 않는 성격이었다. 나는 인간이 왜 부족한 존재인지, 하나님께 죄를 짓게 된 이유가 무엇인지 말해주었다. 그리고 인간이 하나님이 되려는 마음이 있기 때문에 완벽주의자가 되려는 것이라고 말해주었다.

그는 자신의 무력함을 깨닫고 하나님을 인정하기 시작했다. 방학 때마다 우리 집에 와서 성경공부를 한 것이 헛일은 아니었다. 그날 밤 그는 예수님을 영접하게 되었다. 씽푸를 만난 지 거의 10년 만의 일이다. 나는 그 말을 듣고 기뻐서 어쩔 줄 몰랐고, 한 영혼도 절대 포기하지 않으시는 하나님을 찬양했다.

하나님의 섭리는 종종 우리가 이해할 수 없는 방향으로 흐른다. 요셉을 애굽의 노예로 만드신 데도 하나님의 놀라운 계획이 숨어 있었듯이 때로 우리가 실패한 것 같아도 그 속에 하나님의 구원 계획이 숨어 있을지 모른다.

그래서 나는 선교를 하려면 '질기게' 하라고 말한다. 섬기던 학생들이 졸업했다고 끝이 아니라 계속해서 관심을 가지고 관계를 이어가는 것이 중요하다. 하나님께서 만나게 해주신 사람들의 만남 하나하나 모두 소중하기 때문이다.

중국 전역에 셀 교회 세우기

우리 집은 어느덧 교회가 되어갔다. 매주일 우리 집 거실과 방은 사람들로 가득 찼다. 좀 더 넓은 곳으로 이사를 하자, 50여 명의 인원이 모였다.

그리고 1997년 여름부터 중국에 가서 첫 해에 만났던 제자들이 대학을 졸업하고 직장을 잡아 전국으로 흩어지기 시작했다. 중국에서는 대학 시절에 교회를 다녔어도 사회에 나가면 신앙생활을 유지하기가 어려웠다. 주변에 교회가 많지 않을 뿐더러 믿지 않는 사람이 대부분이어서 본인의 믿음을 지키기도 어려운 상황이었다.

그래서 우리는 우리가 전한 복음이 단절되지 않도록 제자들을 떠나보내면서 선교사 파송예배를 드렸다. 그렇게 흩어진 제자들을 중심으로 가정 교회를 세워나가기 시작했고, 제자들은 각자의 직장에서 매주 예배를 드렸다. 나는 일주일이 멀다 하고 제자들에게 전화해서 안부를 묻고, 모임이 어떻게 이루어지는지 점검했다.

그렇게 13개의 가정 교회를 세웠다. 제자들은 졸업한 자신들을 위해 전국 방방곡곡을 찾아다니는 내 모습을 보고 감격해서 눈물까지 흘렸다. 나는 베이징, 상하이, 칭다오, 광저우, 셴양 등지를 두 달에 한 번씩 돌며 제자들의 신앙 성장을 도왔다. 사역 무대가 넓어지면서 들어가는 비용도 만만치 않았다. 하나님께서는 그때 그때 함께할 수 있는 교회를 연결해주셨다. 캘리포니아에 있는 얼바인베델교회 손인식 담임목사님은 중국에 셀(cell) 교회가 세워지는 것을 보며 무척 기뻐하셨다.

중국 전역을 돌아보니 할 일이 정말 많았다. 그야말로 추수할 것은 많은데 추수할 일꾼이 부족하다는 말씀을 실감했다. 나는 이일에 한 알의 밀알이 되고 싶었다. 나는 그저 그들 한 사람 한 사람이 귀했다. 주님의 사랑을 안고 찾아갔을 뿐이다. 고생이 고생으로 여겨지지 않았고 은혜로 여겨졌다. 하나님의 능력이 그들의 모임 가운데 있었다.

> 내 말과 내 전도함이 지혜의 권하는 말로 하지 아니하고 다만 성령의 나타남과 능력으로 하여 너희 믿음이 사람의 지혜에 있지 아니하고 다만 하나님의 능력에 있게 하려 하였노라 고전 2:4,5

다시 미국행 ; 사람을 움직이는 선교동원 사역

1998년부터 남편은 중국과 미국을 오가며 사역했다. 미국에서 선교동원가로 사역하며 사람들을 모아 중국에서 헌신할 수 있도록 돕는 일을 병행해야 했기 때문이다. 우리 가족도 미국 LA로 거처를 옮기게 되었다. 그동안 해온 제자양육 사역도 우리가 잘 아는 목사님께 위임했다.

가장 어려웠던 일은 단연 우리 집에서 동고동락하며 지내던 학생들과의 이별이었다. 중국을 떠나기 전날, 100여 명이 큰 식당에 모여 함께 식사를 했다. 우리는 다시는 못 볼 사람처럼 부둥켜안고 눈물을 흘렸다.

나는 그들과 헤어지며 사도 바울이 에베소교회 장로들과 헤어지면서 한 말이 생각났다.

> 저희에게 말하되 아시아에 들어온 첫날부터 지금까지 내가 항상 너희 가운데서 어떻게 행한 것을 너희도 아는 바니 곧 모든 겸손과 눈물이며 유대인의 간계를 인하여 당한 시험을 참고 주를 섬긴 것과 유익한 것은 무엇이든지 공중 앞에서나 각 집에서나 꺼림이 없이 너희에게 전하여 가르치고 유대인과 헬라인들에게 하나님께 대한 회개와 우리 주 예수 그리스도께 대한 믿음을 증거한 것이라 행 20:18-21

미국에서도 밥을 지을 때나 청소를 할 때에도 문득문득 그들이 생각났다. 같이 찍은 사진을 보다가 시도 때도 없이 왈칵 눈물을 쏟았다. 어느 때는 털썩 주저앉아 울기도 했다. 딸 은혜도 언니 오빠들이 보고 싶다고 "나 다시 중국 갈래, 중국 갈래" 하면서 보챘다. 가까운 지인들과 교제를 하다가, 가족들과 대화를 나누다가도, 두고 온 제자들 생각에 눈물이 핑 돌았다. 자식을 내팽개친 엄마라는 자책이 들 때도 많았다.

미국에 온 지 2개월 만에 나는 다시 중국을 오가면서 흩어진 제자들을 믿음 안에서 세우는 일을 재개했다. 또 틈틈이 미국의 대학에서 기독교교육학을 공부하기 시작했는데, 청소년 사역에 대한 비전이 커질수록 앞으로의 사역에 어떻게든 도움이 되고자 하는 마음에서였다. 처음에는 학위를 따는 일과 상관없이 사역에 필요한 교육학, 목양학, 상담학 등을 공부했다. 중국에서 하고 있는 셀 교회에 관한 졸업 논문도 기대 이상으로 반응이 좋았다.

남편도 중국과 미국을 오가는 바쁜 사역 가운데 짬을 내어 미국에서 비영리 MBA와 신학을 공부했다. 처음에는 "자기가 무슨 허드슨 테일러 선교사라도 된다고 선교동원가야?"라고 핀잔을 놓았지만 남편은 뜻밖에 잘해나갔다. 남편은 그렇게 말주변이 좋은 사람이 아니다. 그래서 대중 앞에 서는 것은 상상하지도 못했다. 그런데 내가 생각해도 제법이었다. 꾸밈없이 진솔한 모습이 사람들의 마음을 움직이는 것 같았다. 이것이 곧 '기름부으심'이 아닐까 싶을 정도로 남편의 사역에 성령의 권능이 나타났다. 하나님께서 복을 주셨다.

새벽 이슬 같은 주의 청년들에게 복음을

남편은 대학 교수직을 그만두고 청소년 사역에 매진하기로 했다. 2001년 10월, 청소년들의 마음 밭에 복음이라는 새벽 여명을 비추겠다는 의미로 '단미선'(Dawn Mission)이라는 선교회를 설립했다. 캘리포니아 주(州) 애너하임에 본부 사무실을 두고 알고 지내던 80여 명의 분들을 모아 창립 예배도 드렸다.

공식적인 선교 활동에 제약이 있는 중국에 학교를 지어 복음을 전하려는 일을 본격적으로 시작하려고 한 것이다. 중국에서는 법적으로 열여덟 살 이하에게는 종교를 전할 수 없고, 교회에서도 어린이 주일학교를 만들 수가 없다. 그러나 아이들이 교회에는 못 가더라도 학교에는 갈 수 있으니, 학교를 최고의 선교지로 만들 꿈을 꾸게 된 것이다. 학교 이름도 '열방학교'(All Nations School)라고 미리 정해두었다. 열방의 모든 족속에게 복음을 전한다는 의미였다.

하지만 학교를 세우는 데 필요한 환경이나 재정적인 여건은 전혀 마련되어 있지 않은 상태였다. 남편은 부푼 꿈을 안고 청사진을 그렸을지 몰라도 내 눈에는 무작정 시작하는 것처럼 보였다. 주변 사람들도 적극 만류했다. 손 안에 쥐고 있는 것은 하나도 없으면서 이 무슨 뚱딴지같은 소리인가 싶었다. 때로는 내가 간덩이가 부은 사람과 사는 것이 아닌지 의심될 때가 있다. 그러나 지금까지 남편과 함께하신 하나님을 보아온 이상 함부로 막기에는 왠지 불경죄를 범할 것만 같았다.

남편은 새로운 일을 할 때 그 일에 목숨을 거는 스타일이다. 중국에서 LA에 올 때에도 미국을 내 손에 붙여달라고 기도하며 편도 항공권만 끊어온 그였다. 그는 또 하나의 새로운 일에 미친 사람처럼 뛰어들었고, 자기 몸을 하나님께 던졌다.

남편은 학교 부지 1만 평을 구입할 재정을 마련하기 위해 기도하기 시작했다. 그때 내가 도울 수 있는 일은 별로 없었다. 그저 기도하면서 지켜보는 일뿐이었다.

내가 맡은 임무

나에게 맡겨진 일이 하나 있기는 했다. 남편은 아직 학교 부지를 구입하기 전이지만, 청소년 사역에 함께 헌신할 제자들을 찾아내기 위해 전화를 해보라고 했다. 남편이 일을 추진하는 임무를 맡았다면, 같이 사역해나갈 사람을 모으는 것은 나의 임무였다.

내가 그동안 제자들이 졸업한 뒤에도 그들과 긴밀히 교제해왔기 때문이다. 나는 남편이 맡은 프로젝트의 '인사부장'인 셈이었다. 나는 제자들 한 명 한 명에게 전화를 걸었다. 전화를 받은 제자들은 대부분 고민하는 것 같았다.

팅팅에게도 전화를 걸었다. 팅팅은 남편의 제자 진타오의 아내였는데, 그 둘이 대학시절부터 교제를 해서 아주 가까이 지낸 자매이다. 그녀는 학창 시절 1등을 놓쳐본 적 없는 수재(秀才)였다. 지금은 대학 교수로 재직 중이었고 진타오는 사업을 하고 있었다.

"최 교수님이 학교를 세우려고 하는데 너희 부부가 오면 좋겠다. 함께 일해보지 않을래?"

"네? 그래야죠…."

"그렇다"는 대답을 듣기는 했지만, 확신 없이 엉겁결에 대답하는 것 같았다.

나는 제자들에게 전화를 하면서도 속으로 이런 생각을 했다.

'혹시 학교를 세우는 일 진행이 잘 안 되면 이들의 생계는 누가 책임지지?'

나는 제자들이 합류하지 않으면 차라리 내 속은 편하겠다 싶었다. 아무것도 되어 있지 않은 상태에서 제자들에게 당장 직장을 그만두고 학교 사역을 같이 하자고 제안하는 것이 과연 옳은 일인지 난감했다. 남편을 말릴 수도 없고 그렇다고 제자들에게 강권할 수도 없었다. 나는 이러지도 저러지도 못했다.

이런 내 심경을 남편에게 털어놓은 적이 있다.

"근데, 정말 가능할까? 지금 아무것도 없는데…."

"무슨 소리야! 우리가 하루 이틀 기도한 것도 아닌데!"

"당신이 단미션 선교회를 설립한 지 벌써 한 달이 넘었어. 학교 부지 구입비를 위해 기도했지만 하나님이 한 푼이라도 보내주셨어?”

"다 하나님의 때가 있는 거야. 나의 시간과 하나님의 시간은 달라. 내가 죽기 전에는 반드시 될 테니까 다른 생각하지 말고 지금 하는 일에 전념하도록 해."

"그래, 내가 믿음이 적은 거겠지. 하지만 뭐가 보여야 말이지. 그리고 당신은 사명감에 불타서 죽기 살기로 하고 있지만, 제자들은 아직까지 확실한 사명감이 없어. 학교 세울 땅도 없이 오라고 하는 건 좀 불안해."

"믿음이란 아무것도 보이지 않을 때 하나님을 볼 수 있는 능력이야. 하나님께서는 내게 수년 동안 청소년 사역에 대한 마음을 불어넣으셨어. 하나님의 뜻이 내 마음에 심겼다고. 당신은 일단 제자들과 비전을 나눠. 오라고 하지 말고. 오든지 가든지 그 일을 하시는 분은 하나님이시니까."

너희 안에서 행하시는 이는 하나님이시니 자기의 기쁘신 뜻을 위하여 너희로 소원을 두고 행하게 하시나니 빌 2:13

그는 확신에 가득 차 있었지만, 나는 여전히 의심하고 있었다. 복음이 차단된 4억 중국 청소년들에게 반드시 복음이 전해져야 한다는 것은 알고 있었지만, 나는 일단 지켜보기로 했다.

네 믿음을 보여라!

그런데 하루는 남편이 상기된 목소리로 나에게 말했다.

"나 중국 갈 비행기 표 끊었어. 1월 10일로 정했어. 이제 그날이 태평양을 건너는 날이 될 거야."

"앞으로 한 달밖에 남지 않았는데, 아직 한 푼도 모이지 않았다면서 어떻게 하려고?"

나는 걱정이 되어 물었다.

"믿음의 발을 뗀 거야. 분명히 하나님이 다 해결해주실 거야. 요단강이 갈라지기만을 넋 놓고 바라보고 있으면 되겠어? 내가 먼저 믿음의 발을 뗐으니 곧 요단강이 갈라질 거야."

그의 눈빛은 사뭇 비장해 보였다.

"……."

나는 그에게 아무 말도 해줄 수가 없었다. 그렇다고 그를 나무랄 수도 없었다. 어찌할 바를 몰랐기 때문이다.

그런데 남편에게 이루어지는 기적들을 보기 시작하면서 이 일에 하나님께서 함께하신다는 것을 확신하였다. 하나님의 사역에 헌금을 하고 싶다며 전해준 명현이라는 청년의 100만 원이 종잣돈이 되어 그 후로 계속 후원이 들어왔다.

한번은 이런 일이 있었다. 미국 애리조나에서 온 우편물에 나이 드신 어느 권사님의 유언장 복사본과 함께 1만 달러짜리 수표가 동봉되어 온 것이다. 남편은 1년 전에 그 분을 애리조나에 집회하러 가서 딱 한 번 만난 일 외에 없다고 말했다. 그때 잠시 청소년 사역에 대한 비전을 나눈 후 단미션 선교회 창립 때 연락을 드렸는데, '단미션 선교회' 이름으로 유산을 남기신 것이다.

그렇게 후원이 계속 들어왔지만, 남편이 중국으로 가기로 한 날까지 아직 1천만 원이 모자랐다. 그런데 출국 3시간 전에 저녁이나 함께하자며 만난 한바울 목사님의 사모님이 건네주신 봉투에 천만 원짜리 수표가 들어 있었다. 그렇게 남편과 함께 기도했던 금액 6천만 원이 채워지는 것을 나는 내 눈으로 직접 목도했다. 남편은 나를 안고 마구 춤을 춰댔다.

남편은 믿음으로 정한 2002년 1월 10일 0시 20분에 비행기를 탈 수 있었다. 나는 남편이 후원을 받는 과정에서 한 역할이 하나도 없었다. 그러나 남편을 통해 하나님이 직접 일하시는 것을 덩달아서 목도하는 복을 누리게 되었다.

일을 행하는 여호와, 그것을 지어 성취하는 여호와, 그 이름을 여호와라 하는 자가 이같이 이르노라 너는 내게 부르짖으라 내가 네게 응답하겠고 네가 알지 못하는 크고 비밀한 일을 네게 보이리라 렘 33:2,3

하나님의 뜻을 구하는 믿음

나는 믿음이 무엇인지를 생각해보았다. 남편은 하나님께 구하면서도 자신이 성결하지 못하면 그것은 올바로 구하는 것이 아니라고 말하곤 했다. 그는 성결을 가장 중요하게 여겼다. 하나님의 응답과 기적을 맛보려면 우리가 성결한 마음으로 기대해야 한다고 강조했다. 이스라엘 백성들이 요단강을 건너는 기적을 경험하기 전에 여호수아가 가장 강조한 것 역시 성결이었다.

여호수아가 또 백성에게 이르되 너희는 스스로 성결케 하라 여호와께서 내일 너희 가운데 기사를 행하시리라 수 3:5

남편은 하나님의 뜻을 분별하는 데 시간을 많이 들여 기도한다. 자기 생각대로 무조건 구하는 기도를 하지 않았다. 설령 아무리 좋은 일이라도 그것이 자기에게 향하신 주님의 뜻인지를 먼저 구했다. 하나님의 뜻이 분명하다는 확신을 가지면, 그 후부터는 담대하게 사력을 다해 기도했다. 그는 그 기도를 가리켜 광선을 한가운데로 모으는 '접속렌즈형 기도'라고 부르곤 했다.

그를 향하여 우리의 가진 바 담대한 것이 이것이니 그의 뜻대로 무엇을 구하면 들으심이라 요일 5:14

남편이 말하는 기도 응답의 조건은 첫째는 성결, 둘째는 하나님의 뜻, 셋째는 담대함이었다. 그가 기도원에 갈 때는 보통 어떤 기도제목에 대한 응답을 받으러 가기보다 자신의 성결을 위해 가곤 했다. 자신이 성결치 못한데도 기도응답을 바라는 것은 '눈 가리고 아웅' 식으로 자기 욕구 충족을 위해 하나님을 기만하는 행위에 불과하다고 했다.

나는 지금까지 남편이 먼저 결단하고 결정하면 그 후에 기도하고 따라가는 입장이었다. 나는 안 될 것 같은 일은 아예 처음부터 생각하지 않고, 내 계산과 능력을 벗어난다 싶으면 걱정부터 하는 편이다. 그러나 남편은 달랐다. 도저히 불가능해 보이는데도 될 거라고 믿었다. 처음에는 내가 바가지를 많이 긁었는데 시간이 지나고 나면 꼭 남편이 기도한 대로 이루어졌다. 남편은 믿음의 은사를 받은 게 확실했다. 나는 점차 남편의 영적 권위를 인정하게 되었다.

남편은 "우리가 하나님의 일을 이렇게 온몸 던져 가면서 하는데 하나님께서 우리를 굶기시겠어?"라는 말을 자주했다. '도대체 저런 무식한 믿음은 어디서 나오는 걸까?' 나는 그 믿음이 궁금하기도 했다. 그런 말을 할 때 그의 눈에서는 빛이 나고 있었다. 땅을 사고, 건축을 해나가고, 사람들을 모으고…. 남편을 통해 하나님의 일이 이루어지는 것을 보는 것은 마치 스릴러 영화를 보듯 손에 땀을 쥐게 했다. 아무것도 손에 잡히는 게 없는데도 그를 통해 하나님이 이루시는 일들이 신기하다 못해 소름이 끼칠 정도였다.

나는 이제 하나님이 하시고자 한다면 반드시 이루어진다는 것을 알게 되었다. 아무리 인간적으로 불가능해 보이는 일이라도 하나님의 생각과 인간의 생각은 다르다는 것을 확실히 깨달았다. 계속해서 나는 행여나 남편이 교만해지지 않을까, 자고(自高)하지 말 것과 하나님보다 먼저 발을 떼지 않도록 남편을 위해 기도했다.

드디어 결단의 시간

2002년 1월 말, 중국에 간 남편으로부터 드디어 땅을 구입했다는 소식이 들려왔다. 나도 모르게 함성이 터져 나왔다.

"할렐루야! 너무 놀랍고 신난다."

이 일은 결코 우리의 능력으로 된 것이 아니라는 것을 뼛속 깊이 깨달았다.

이제는 제자들에게 청소년 사역을 위해 헌신할 것을 담대하게 권할 수 있었다. 기쁜 마음으로 다시 제자들에게 전화를 했다. 먼저 량동휘 부부와 장위평 부부에게 전화를 걸었다.

"얘들아, 드디어 선생님이 학교 부지를 구입하셨다는구나!"

"사모님, 축하합니다. 역시 최 교수님은 우리 믿음의 선배이십니다."

"그래, 청소년 사역이 얼마나 중요하니? 너희들과 같이하는 게 우리의 바람이란다."

"그렇지만…. 사모님, 제가 지금 쉽게 자리를 뜰 수는 없어서요."

제자들의 대답은 여전히 미지근했다.

몇 년 전, 남편은 제자들과 청소년 사역에 대한 비전을 진지하게 나눈 적이 있다. 예수 믿는 선생들이 삶과 가르침을 통해 학생들에게 영향을 끼칠 수 있는 학교를 만들고자 하는 비전을 나누며 그 아이들을 가르치는 선생이 되어줄 수 있겠느냐는 것이었다. 그때는 거침없이 대답한 제자들이었다.

그러나 이미 생활 기반이 마련된 상태에서 새로운 길을 간다는 것이 결코 쉽지 않다는 것을 나는 잘 알고 있었다. 나 역시 그랬기 때문이다. 그들도 하나님과 씨름할 시간이 필요했다. 자기 자리를 박차고 나올 만한 고민과 갈등의 시간 말이다. 나는 남편의 충고대로 그들과 비전을 나누는 데 초점을 맞추고, 우리의 남은 인생을 어디에 투자할 것인지 진지하게 생각해보자고 했다.

나는 남편이 구입한 학교 부지를 보러 중국 희망시(希望市, 기독교인 교사들과 학생들의 신변을 보호하기 위해 책에서는 구체적인 지명을 밝히지 않는다. 주님의 희망이 머무는 곳이라는 의미를 담았다)를 방문하기로 했다. 우리의 든든한 후원자이신 스티븐 집사님과 함께 가기로 했다.

스티븐 집사님은 남편이 중국에 갈 때에도 후원을 해주셨고, 매년 여름 미국 산호세에서 중국으로 건너와 제자들에게 말씀을 가르쳐주셨다. 제자들에게도 희망시 방문 일정을 알렸다. 아직까지 누구도 헌신하겠다는 말을 하지 않았지만, 제자들 몇몇이 오겠다고 답했다.

하나님의 꿈을 발견한 사람들

남편이 믿음으로 깃발을 꽂은 그 땅은 그야말로 허허로운 옥수수 밭 한가운데였다. 학교 부지를 방문한 제자들을 보며 남편은 이렇게 기도했다고 한다.

"제자들이 이 광활한 땅보다 더 광활한 하나님의 꿈을 볼 수 있게 해주세요. 이들이 영의 눈을 들어 이곳에 하나님의 꿈이 심겨진 것을 볼 수 있게 해주세요."

우리는 학교 부지 위에서 함께 예배를 드렸다. 스티븐 집사님이 예루살렘 성벽을 재건하기 위해 안락한 환경을 버려두고 온 느헤미야에 대해 말씀하셨다. 역경을 딛고 성벽을 재건하여 이스라엘 백성의 신앙을 부흥시킨 이야기였다.

그 땅을 밟는 순간부터 마음이 움직인 제자들은 이 말씀을 듣고 자신들이 정해놓은 계획이 아닌 하나님이 원하시는 길을 가기로 했다. 전화상으로 거절하는 것은 예의에 어긋난다며 직접 방문한 량동휘가 하나님께서 자신에게 주신 마지막 기회인 것 같다며 청소년 선교에 헌신하기로 먼저 결단했다.

떨떠름하게나마 오겠다고 답했던 팅팅도 열방학교 교사로 헌신하기까지 자신의 솔직한 심정을 털어놓았다.

"사모님, 저도 모르게 청소년 선교를 하겠다고 대답했지만 전 곧바로 후회했어요. 기후 좋고 깨끗한 도시를 떠나기 싫었거든요. 경제적으로도 이제 좀 안정적인 생활을 하나 싶었고요."

"그랬구나. 정말 쉽지 않은 결정이었을 거야."

"그 후에도 사모님께서 전화하셨지만, 그냥 진행 상황만 알려주셨지요."

"응, 그랬지."

"그러다 2002년 초에 최 교수님이 학교 지을 땅을 구입하셨다는 소식을 듣고, 남편은 그저 희망시에 다녀오겠다고 했어요. 저는 제가 결정하기보다 남편의 결정에 따르기로 했고요. 사실 남편은 하던 사업도 있고 해서 도저히 갈 수 없는 상황이었거든요. 남편을 핑계로 회피해볼 심산이었는데, 남편이 희망시로 오라고 전화를 한 거예요. 그 땅을 보고 바로 이곳이 사역할 곳이라는 생각

이 들었다면서요. 사업을 정리하더라도 순종해야겠다고 확신에
차서 말하더라고요. 결정권을 남편에게 맡기기로 한 이상 더 이상
도망칠 곳이 없었어요. 저도 '하나님 뜻이라면 남편의 마음을 움
직여주세요. 그러면 따르겠다고 줄곧 기도해왔거든요.'"

그 후 제자들에게서 한 명 두 명 차례차례 동참하겠다는 연락
이 왔다. 마침내 그동안 연락해온 열두 명의 제자들이 모두 모였
다. 미처 학교를 건축하기도 전에 모인 그들이야말로 세상이 감당
하지 못할 사람들이 되어갔다.

교육 선교의 비전

나는 교육 선교의 비전을 나누면서 제자들에게 세 가지를 강
조했다. 그 세 가지는 신앙, 선교, 교육이었다. 청소년들에게 신앙
이 심겨져 선교하는 사람으로 만들고, 제자를 양육하여 대대로 선
교하는 사람들을 만들어야 한다는 것이었다.

"신앙은 나무뿌리와 같아서 깊이 뿌리내릴수록 더 경건해지
지. 선교는 불씨와 같아서 타면 탈수록 불길이 더 크게 타오른단
다. 교육은 하나의 흐름과 같아서 흐르면 흐를수록 지류들이 모
여 더 큰 강이 된단다. 나는 너희들이 복음을 심는 자들로, 선교의
불을 퍼뜨리는 자들로, 또 제자들로 넘실거리는 큰 강줄기를 만
드는 사람들이 되기를 기도한다. 너희들의 헌신은 결코 헛되지

않을 거야."

　나는 믿음으로 무(無)에서 유(有)가 만들어지는 것을 보았다. 그리고 믿음으로 미숙함에서 성숙함으로 변화되는 것을 보고 싶었다. 그것은 하나님께서 하나님의 사람들을 보내주심으로 가능한 일이었다.

주님께 쓰임 받는 인생만큼
좋은 인생은 없다

섬기는 데 으뜸이 되자

"나한테 지도자라는 칭호를 쓰지 말아라. 우리의 지도자는 오직 한 분 예수 그리스도가 아니겠니? 우리 가운데 누가 크다 작다 따지지 말자. 우리가 서로 섬기는 자가 되면 각자가 으뜸이 되는 것이다. 무엇보다 섬기는 데 으뜸이 되자!"

남편은 열방학교를 통해 청소년 교육선교에 헌신한 제자들이 모인 자리에서 말했다. 이 일을 어떻게 추진할 것인지, 왜 중국에서 중고등학교 사역을 해야 하는지를 설명했다. 마지막으로, 섬기는 데 으뜸이 되겠다는 자신의 의지를 다시 한번 피력했다.

"나는 절대 학교의 공식적인 직함을 갖지 않겠다. 나는 너희들을 세워주고 싶다. 대신 조건이 있다. 너희들이 이곳에서 경험을 쌓아서 교육 분야의 전문가가 되면 너희도 나와 같이 새로운 학교를 개척하러 나가는 것이다. 이런 학교 하나로는 부족하다. 더 많은 학교가 필요해."

"무슨 말씀인지 잘 알겠습니다. 저희도 현재의 자리에 안주하는 자가 아니라 개척자가 되겠습니다. 하나님의 부르심이 있는 곳이라면 어디든지 가겠습니다!"

제자들이 합창을 하듯 외쳤다.

"그래, 고맙구나. 나는 이제부터 열방학교 수위 아저씨다."

또한 지도자라 칭함을 받지 말라 너희 지도자는 하나이니 곧 그리스도니라 너희 중에 큰 자는 너희를 섬기는 자가 되어야 하리라 마 23:10,11

열두 명의 제자들은 온 힘을 다해 일을 진척시켜나갔다. 대외 홍보, 재무, 건축 등 그들은 각자 받은 은사와 재능대로 일하여 환상의 팀워크를 이뤘다.

주님을 따르는 인생을 선택하라

칭다오에 살고 있던 량동휘는 사업을 막 시작한 상태였고, 아내 자오리화는 대학 교수로 일하고 있었다. 장위평 역시 대학에서 전임강사로 일하고 있었다. 그들은 좋은 직장이 있었지만 주님을 위해 모든 것을 버리고 왔다. 마치 예수님이 제자들을 부르셨을 때와 같았다.

나를 따라 오너라 내가 너희로 사람을 낚는 어부가 되게 하리라 하시니 저희가 곧 그물을 버려두고 예수를 좇으니라 거기서 더 가시다가 다른 두 형제 곧 세베대의 아들 야고보와 그 형제 요한이 그 부친 세베대와 한가지로 배에서 그물 깁는 것을 보시고 부르시니 저희가 곧 배와 부친을 버려두고 예수를 좇으니라

마 4:19-22

그들은 부모의 모진 비난과 불평을 감수해야 했다. 정신 나간 것 아니냐는 소리를 들었지만, 그들은 주님의 부르심을 좇았다.

"예수님이 너를 부르셨느냐? 그렇다면 너의 생활 기반과 부모를 떠나거라."

"Jesus called you? Leave your nets and father, and follow Him."

이것이 나의 자녀교육과 제자양육의 첫 번째 가르침이 되었다.

자녀들이 선교사로 헌신한다고 할 때 가장 반대하는 사람이 부모인 경우가 많다. 부모가 걸림돌이 되기도 한다. 나도 부모로

서 장담할 수만은 없다. 그러나 우리는 부모의 장벽을 넘어서야 한다. 배우자의 장벽을 넘어서야 한다. 그 장벽 너머에 비교할 수 없는 지상 최고의 삶이 기다리고 있기 때문이다.

주님께 쓰임 받는 인생만큼 좋은 인생은 없다.

최고의 헌신

요즘 한국의 그리스도인들은 그리스도인임을 자처하면서도 자녀교육 문제에 있어서 철저히 이 세대를 본받고 있다. 아니, 하나님의 힘으로 세상에서 좀 더 높은 자리에 오르기를 바라고, 좀 더 가진 자로 살기를 바란다.

너희는 이 세대를 본받지 말고 오직 마음을 새롭게 함으로 변화를 받아 하나님의 선하시고 기뻐하시고 온전하신 뜻이 무엇인지 분별하도록 하라 롬 12:2

말로는 헌신이라면서 거기에 조건을 붙인다. 주님을 위해 헌신하는 조건이 무엇인가? 내가 성공한 후에, 사업해서 돈을 많이 번 다음, 결혼하고 나서, 자식 다 키워놓고 시집장가 보내고 은퇴한 후에…. 모두 '이후에'라는 조건이 달린다.

남편은 종종 이야기한다.

"내려놓지 말고 던져버려라! 흐르는 강물에 내던져라!"

나의 명예, 내가 가진 것을 잠깐 내려놓으면 언제 또 들어올릴지 모른다. 그러니까 아예 던져버려야 한다고 말한다. 나도 남편의 말에 많은 도전을 받는다.

내가 지금 정말 버리지 못하는 것이 무엇인지 생각해보았다. 남편일까? 이제 남편 얼굴만 바라보면서 세월을 낭비하지는 않는다. 주님을 위해서라면 남편을 내놓을 수도 있다. 그렇다면 자식인가? 내가 아직 던지지 못한 한 가지는 바로 하나뿐인 딸이었다.

아브라함은 시험을 받을 때에 믿음으로 이삭을 드렸으니 저는 약속을 받은 자로되 그 독생자를 드렸느니라 히 11:17

나는 헌신의 마지막 단계가 무엇일까 생각해보았다.

지금은 나 자신을 주님께 드려서 하나님의 일에 전적으로 쓰시게 하는 것이 가능하다. 그러나 이삭을 번제로 드린 아브라함처럼 자식을 포기하는 일만큼은 쉬운 일이 아니다. 많은 목회자들과 선교사들의 헌신은 아름답지만, 그들도 자기 자녀를 포기하지 못하는 경우가 많다.

엄마가 돌아가시는 그 순간까지 주님이 먼저라는 인생의 우선순위를 알려주신 것처럼, 나도 내 딸에게 주님을 위해 내가 붙든 것을 던져버리는 영성을 전수해주고 싶다.

마음에 새긴 순교자

열방학교 건축을 시작할 무렵 량동휘의 아내 자오리화에게
연락이 왔다.

"사모님, 저 둘째 가졌어요. 첫째 이후 아이가 안 생겨서 정말
간절히 기도했는데 정말 기뻐요."

"축하한다, 리화야. 아기 낳으면 내가 돌봐줄게."

대학 때 만나 교제한 량동휘와 자오리화는 우리 집에서 함께
지낸 시간이 많아서 그런지 더 애틋하고 한 가족처럼 느껴졌다.
자오리화는 개교 후에 역사 과목을 맡아줄 자매였다. 우선 회계
업무를 맡았는데 전공이 아닌데도 훌륭히 해내고 있다. 무거운 몸
을 이끌고 매일 아파트와 사무실을 오가기 위해 계단을 오르락내
리락하면서 밤늦은 시각까지 일했다.

그런데 몇 달 후 자오리화에게서 슬픈 소식을 들었다.

"사모님, 저 유산(流産)했어요."

목소리에 힘이 하나도 없었다.

"아니! 어쩌다 그렇게 됐어? 네가 얼마나 기다린 아인데…."

"의사가 무리하지 말라고 했는데 제가 몸을 잘 돌보지 못했
어요…."

6년 만에 가진 아이였는데 정말 안타까웠다. 그리고 너무 미안한 마음이 들었다. 마치 내가 죄인이 된 기분이었다. 부부가 그토록 원하던 둘째 아기였는데, 살기 좋은 지역을 떠나 이곳에서 고생시킨 것이 안쓰럽기까지 했다. 그때였다.

"그렇지만 사모님, 저는 이곳에 온 것을 후회하지 않아요. 하나님께 실망도 하지 않아요. 저 때문에 너무 마음고생 하지 마세요."

"그래, 고마워. 하나님이 네 기도를 꼭 들어주실 거야."

오히려 그녀가 나를 위로해주었다. 하늘나라로 간 그 아이는 내 마음에 순교자로 새겨졌다. 4년 뒤, 하나님께서는 자오리화에게 다시 아들을 주셨다. 그 아이는 지금은 건강하게 열방학교 유치원에 다니고 있다.

새 일을 행하시는 하나님

선물 공사를 착수하기 전에 학교 부지를 구입했고 헌신할 사역자도 모았지만, 해결해야 할 문제는 첩첩산중이었다.

남편은 여호수아서 4장에 여호수아와 이스라엘 백성이 여리고를 점령하기 전, 먼저 길갈에 진(陣)을 치고 유월절을 지키는 장면을 떠올리며, 기도하는 마음으로 기공(起工) 예배를 드리자고 했다.

그날 남편의 영적 아버지인 한바울 목사님께서 이사야서 43장 19-21절 말씀을 통해 우리의 모든 문제를 하나님께서 다 처리해주실 것이고, 하나님의 새 일이 이미 드러나 있다고 말씀해주셨다.

그 후에도 눈에 보이는 것 없이 맨땅에 헤딩하는 것 같기만 했다. 그런데 한 달이 못 되어 광활하기만 했던 학교 주변이 교육 지역으로 확정되었다는 소식이 들려왔다.

보라 내가 새 일을 행하리니 이제 나타낼 것이라 너희가 그것을 알지 못하겠느냐 정녕히 내가 광야에 길과 사막에 강을 내리니

사 43:19

주신 말씀처럼 하나님의 일하심이 우리의 눈앞에 드러났다. 학교 부지 주변으로 20여 개의 대학들이 몰려오면서 산적해 있던 문제까지 술술 풀렸다. 도무지 믿기지 않는 일이었다. 주변 도로도 닦이지 않았고 전기도 끌어올 수 없던 땅을 산 지 불과 5개월 만에 대학 관계자들이 우리 학교 부지 주변의 땅을 모두 구입했다는 것이다. 그 바람에 개발구청도 도로와 전기 등 기반 공사를 시작하게 되었다.

정직이라는 물맷돌

물론 아직까지 학교 건축 허가를 받는 문제가 남아 있었다. 건축 허가를 받으려면 관공서에서 설계 도면 허가, 지질 탐사 허가, 입찰 확인 허가 등 서른세 개 항목에 도장을 받아야 했다. 그런데 관공서 관리들이 아무 이유 없이 도장을 찍어주지 않았다. 처음에는 서류에 문제가 있는 줄 알았지만 나중에 뒷돈을 주는 게 관례라는 것을 알게 되었다.

그러나 남편과 제자들은 세상과 타협하지 않고 정직하게 해나가기로 결심했다. 이른바 '절대 정직'으로 밀고 나갔다. 건축 업무를 맡고 있던 량동휘를 필두로 모두 비장한 각오를 다졌다.

"저는 아침 먹자마자 관공서로 출근하겠습니다. 관리들에게 눈도장부터 받고, 도장을 찍어줄 때까지 제 얼굴을 계속 들이밀 겁니다."

나는 그 모습을 지켜보면서 '제자들이 나보다 믿음이 좋구나' 하고 생각했다. 그들의 결의에 찬 눈동자를 보고 있으면 떨리기까지 했다.

다윗이 골리앗과 싸우러 나갈 때, 다윗은 손에 물맷돌을 쥐어 들었다. 하나님께서는 싸움에 별로 도움이 될 것 같지 않은 다윗의 물맷돌로 블레셋의 거인 장수를 쓰러뜨리셨다. 우리는 우리의 절대 정직이 관공서 관리들과 잘못된 관행을 무너뜨리는 물맷돌이 될 거라 믿었다.

결국 한 달간 매일 관공서로 출근 도장을 찍은 량동휘의 헌신
으로 건축 허가를 받게 되었다. 관공서 직원들도 처음에는 방법을
모르는 풋내기라고 무시했는데, 그 진실함에 감동했다고 입을 모
았다고 한다.

열방중학교는 이런 헌신자들의 수고와 희생으로 2003년 9월,
마침내 문을 열었다. 200여 개의 초등학교를 돌아다니며 신입생
을 모집한 끝에 60여 명의 학생들이 열방중학교에 입학하게 된 것
이다.

하나님, 이것도 해주세요!

나는 그때까지 중국과 미국을 오가며 단미션 사역을 돕다가
2005년에 남편과 함께 완전히 짐을 싸서 중국으로 왔다. 학교 옆
에 집을 얻어서 교사와 학생들의 상담을 도맡았는데, 학교 초창기
라 신경 써야 할 일이 한둘이 아니었다. 남편은 고등학교 건물을
짓기까지 계속해서 쉴 새 없이 중국과 미국을 오갔다.

2005년 6월 말, 드디어 고등학교 건물 건축까지 마무리될 시
점에 이르렀다. 모든 공사가 기적처럼 이루어졌다. 정말 보기만
해도 마음이 뿌듯했다. 완공된 건물을 바라보면서 남편과 나는 감
격의 기도를 드렸다. 이곳에서 우리 학생들이 하나님을 알아갈 것

을 생각하니, 가슴이 벅찼다.

그런데 하루는 남편이 고민을 털어놓았다.

"고등학교 건물까지 공사를 마쳤는데, 정문 진입로 공사가 아직이야. 돈은 다 떨어졌고…."

"내년에 하면 되잖아요."

"비만 오면 질퍽거려서 다닐 수가 없으니 그렇지."

"후문으로 다니면 어때서 그래요?"

"그래도 당당하게 정문으로 다녀야지! 여보, 우리 주님께 기도해봅시다. 올해 안에 정문 진입로 공사를 마칠 수 있도록."

남편은 하나님께 이것마저 해달라고 보채고 싶은 모양이었다.

"하나님도 당신 때문에 참 바쁘시겠다."

나는 못 이기는 척 남편과 함께 기도했다.

"하나님, 여기까지 인도하신 분이 하나님이십니다. 이 학교를 통해 하나님의 사람들이 배출될 것을 생각하니 기쁨이 넘칩니다. 그러나 한 가지 공사가 남아 있습니다. 이왕 해주신 거, 정문 진입로 공사도 올해 안으로 끝내면 좋겠습니다."

남편은 매일같이 정문 진입로 공사를 위해 기도했다.

한국에서 날아온 귀빈

며칠 후, 남편이 상기된 얼굴을 하고 사무실에 뛰어 들어오며 외쳤다.

"빅뉴스야! 한국에서 아주 유명한 손님이 오신대."

"도대체 누가 오는데 그래?"

"한국의 총리께서 우리 학교에 오신대."

"뭐라고? 아니 그런 지체 높은 분이 이런 신생 학교를 어떻게 알고?"

"나도 그걸 모르겠어."

학교에서는 자오리밍과 장위펑을 중심으로 접대팀을 조직했다. 높은 분이 오시는데 정문에서 환영하지 못하는 게 아쉬웠지만 별 도리가 없었다. 후문에서 영접하는 것으로 시나리오를 짜서 환영식 예행연습까지 했다.

7월 2일 오전, 시청에서 연락이 왔다. 아무래도 한국의 국무총리가 열방학교를 방문하기 전에 그 학교를 답사해서 준비 상황을 점검해보고 싶다는 것이다. 우리는 도착한 담당자에게 접대 시나리오를 설명했다.

"보시다시피 정문 진입로 공사가 아직 안 됐습니다. 그래서 후문에서 그 분을 영접할 것입니다."

"뭐라고요? 후문에서?"

"예, 무슨 문제라도?"

"안 됩니다. 외국의 최고위 관리를 영접하는 데 예의에 어긋

납니다. 그건 우리나라를 망신시키는 일입니다."

"그럼 어쩌죠? 진입로 공사는 지금 시작해도 2주일 이상 걸리는데 앞으로 3일밖에 남지 않았습니다."

우리는 어찌할 바를 몰랐다. 희망시 시장은 난감한 표정을 짓더니 우리를 향해 이렇게 말했다.

"좋습니다. 우리가 해주겠습니다."

"네에? 아니, 그래도 7월 5일까지는 무리입니다."

우리는 가능하지 않을 거라고 말했다. 그러나 시장은 계속해서 걱정하지 말라며 손을 저었다.

"메이원티(문제없습니다). 메이원티."

시장은 그 자리에서 여기저기 전화를 했다. 한 시간쯤 지났을까, 인부들이 몰려오고 불도저와 포클레인도 들어와 공사를 시작했다. 우리는 어리둥절하기도 하고 한편으로는 좋기도 했다. 시간이 흐를수록 점점 더 흥미진진했다. 과연 그들 말대로 며칠 안에 이 공사가 끝이 날까 하는 의심을 버리지 못한 채 지켜보았다.

그들은 밤에도 환하게 불을 밝혀놓고 공사를 계속했다. 땅을 1미터는 파는 것 같았다. 그 위에 자갈을 깔고 모래로 덮는 등 사람들이 바삐 움직였다. 덤프트럭이 아니라 탱크가 지나가도 땅이 꺼지지 않을 만큼 탄탄하게 기초공사를 했다. 그들은 3일 밤낮을 3교대로 쉬지 않고 공사를 진척시켰다. 실로 엄청났다.

그렇지만 국무총리가 오기로 한 바로 전날 밤까지도 공사는 마무리되지 못했다. 우리는 후문에서 환영하는 행사와 진입로 공사를 마쳤다는 가정 아래 정문에서 환영하는 행사 두 가지 모두를 염두에 두고 만반의 준비를 했다.

하나님이 주신 서프라이즈 선물!

드디어 7월 5일, 아침 해가 밝았다. 남편과 나는 아침 일찍 일어나 학교로 향했다. 매우 초조하고 긴장이 되었다. 보물 상자를 열기 직전에 설레는 그런 기분이었다. 정문 앞에 도착한 남편과 나는 그만 입이 딱 벌어졌다.

"와아, 간밤에 공사가 다 끝났구나!"

"어머나! 정말 다 됐어!"

함께 지켜본 제자들도 펄쩍펄쩍 뛰면서 기뻐했다. 정문 가운데로 보도블록이 쭉 깔려 있었다, 양옆에는 잔디밭이, 또 그 양옆에는 꽃밭이 아름답게 장식되어 있었다. 하나님께서는 그야말로 엄청난 비용과 인력을 동원하셔서 정문 진입로 공사를 해주셨다. 아마 하나님이 우리를 불쌍히 여기셨나보다. 남편이 징징거리며 기도하더니 하나님이 '서프라이즈 선물'을 보내주신 것 같다.

국무총리는 수행원 30여 명과 함께 정확히 아침 10시에 도착했다. 교사들과 학생들은 정문에 미리 나가서 기다렸다.

"총리님이 열방학교를 방문해주신 것을 환영합니다."

그 분은 우리의 박수갈채를 받으며 학생들과 일일이 악수를 나누면서 정문으로 학교에 들어왔다.

마치 야구경기에서 9회 2사 후 만루 홈런으로 대미를 장식하는 것처럼 짜릿했다. 관중들이 일제히 기립박수를 보내며 승리를 즐기는 것처럼 말이다.

총리는 우리에게 받은 인상을 한마디로 전달했다.

"당신들은 지금 상록수를 심고 있습니다."

사철 내내 잎이 푸른 나무라는 뜻의 상록수, 그 상록수의 주인은 주님이시다. 주님의 상록수를 심는 우리의 제자들이 이제 그들의 제자를 키우는 것을 바라본다. 그들이 바로 예수님께서 "나의 하는 일을 저도 할 것이요 또한 이보다 큰 것도 하리니"(요 14:12)라고 말씀하신 주인공들인 것이다.

하나님께서 높이셨다!

덕분에 우리 학교는 그날 저녁 텔레비전 뉴스와 신문에 소개되면서 일약 유명세를 탔다. 신생 학교라 학교 홍보가 큰 과제였는데, '도대체 저 학교에 무엇 때문에 고위 관리가 방문한 걸까?' 하고 사람들의 이목을 집중시키는 데 성공한 것이다. 또 우리 학교의 교육 방법도 주목을 끄는 계기가 되었다. 그 후로 40여 개 학교 교장들과 교감들이 방문해서 우리 학교의 교육 방법에 대해 연수를 받기도 했다.

우리 스스로 높아지려고 한 것이 아니다. 하나님께서 우리를 높이셨다. "세상의 약한 것들을 택하사 강한 것들을 부끄럽게"(고전 1:27) 하시는 것이 하나님의 방법이다. 우리는 하나님에게서 떨어져 있으면 안 된다. 우리가 사는 길은 오직 한길, 이 길뿐이다.

하나님께서는 우리 학교 건축을 너무나 멋지게 마무리해주셨다. 예상치 못한 선물까지 주시면서 말이다. 2005년까지 학생 기숙사, 본관, 체육관 겸 강당 등 중고등학교 건물을 모두 완공하고, 2006년에 드디어 머릿돌을 설치한 뒤 건물을 봉헌했다.

그가 머릿돌을 내어놓을 때에 무리가 외치기를 은총, 은총이 그에게 있을지어다 슥 4:7

바벨론 포로생활을 마치고 돌아와 성전을 재건한 스룹바벨과 귀환한 이스라엘 백성들의 기쁨이 예루살렘으로부터 실크로드를 타고 이곳까지 전해진 것만 같았다.

그것은 환희 그 자체였다.

PART 04

주님께 내 인생을 드리면
주님이 전부 책임지신다

우리 인생에서 풍성한 추수를 거두고 싶다면 풍성하게 심어야 한다. 그것은 선택의 변화를 요구하는 일이다. 이제 변화를 선택해보자. 주님을 인생의 최우선순위로 둔 사람은 주님의 열매를 맺는다. 우리에게 능력 주시는 자 안에서 자유함을 누릴 수 있게 된다. 우리의 인생은 오직 주님께 드려야 한다.

CHAPTER **11**

엄마 같은 사랑과 주님의 말씀으로
제자를 양성하는 학교

주님의 마음으로 전도하라

중국에서 선교하는 것이 꿈이라는 김남윤 형제는 한국에서 대학을 졸업하자마자 열방학교에 왔다. 그는 열방학교의 필수과목인 태권도를 가르치면서 학생들의 마음을 열어 복음을 전할 기회를 엿보았다.

그런데 발차기를 해도 시늉만 하고 좀처럼 열의를 보이지 않는 학생이 하나 있었다고 한다. 링후이라는 학생이었는데 수업이 끝나고 따로 불러서 제대로 할 때까지 시켜도 소용이 없었다. 별도로 그 학생에 대해 알아보니 역시 교사들의 말을 잘 듣지 않는 반항적인 아이였다. 교사들은 따로 모여서 링후이를 위해 기도하는 시간을 갖기도 했다.

김남윤 선생은 링후이를 나무라지 않고 칭찬해보기로 했고 그 후 아이는 조금씩 반응했다. 그렇게 1년의 시간이 흐르고 방학 때는 링후이의 집을 방문하기도 했다. 링후이는 자신의 누추한 집을 보여주는 것을 부끄러워했지만, 그는 최선을 다해 함께 시간을 보내고 왔다. 링후이의 집에 다녀온 지 며칠이 지나서, 그 아이가 김 선생을 찾아왔다고 한다.

"선생님, 고마워요! 흑흑."

링후이는 갑자기 눈물을 뚝뚝 흘리며 고맙다고 말했다. 도대체 뭐가 고맙냐고 물으니 가난하고 누추한 우리 집에 와주셔서 감사하다는 것이었다.

"선생님이 나를 이렇게 사랑해주시니 감사해요."

그러자 그는 평소에도 가끔 내비쳤던 예수님을 이제 본격적으로 소개해야겠다는 생각이 들었다. 예수님도 마구간에서 누추하게 태어나셨으며 우리를 구원하시기 위해 십자가에서 고초를 당하셨다는 이야기를 자세히 전해주었다. 하나님이신 예수님은 스스로 낮아지기로 작정하신 분이며 그래서 누구나 가까이할 수 있는 분으로 오셨다고 설명했다. 그 예수님이 우리의 구주이시며 누구든지 그 예수님을 믿기만 하면 예수님이 우리를 받아주신다고 말하자 링후이는 그날 예수님을 믿겠다고 하며 눈물을 펑펑 쏟았다.

그날 이후 링후이는 눈에 띄게 달라졌다. 방학 때면 집 근처에 교회가 없어서 고민이었는데, 교회를 찾았다며 신이 나서 김 선생에게 편지를 보냈다.

"선생님, 걸어서 한 시간 반 거리에 교회를 발견했어요!"

링후이는 한 시간 반을 걸어도 정말 행복했다고 한다. 반항심 가득하던 아이가 지금은 공부면 공부, 봉사활동이면 봉사활동 뭐든 열심히 해서 선생님과 친구들에게 칭찬 받는 아이로 변했다.

열방학교의 교사는 중국인, 한국인, 미국인 교사로 이루어져 있다. 국적이 다르고 문화가 다른 사람들이 모였지만, 하나님나라 백성 공동체로 화목하게 지내며 가치 있는 삶이 무엇인지 깨닫고 실천하고 있다. 모든 교사들이 그리스도의 복음을 전하는 선교에 헌신했기 때문에 가능한 일이다.

하나님의 글로벌 리더를 육성하라

우리 학교에 대한 소문이 바다 건너 한국에까지 솔솔 퍼졌다. 열방학교에서 공부하면 아이들에게 좋은 습관이 생기고 신앙과 실력을 갖추게 된다는 기분 좋은 소문이었다.

2006년 여름에 학교로 찾아오신 한국 학생 아버지의 간곡한 부탁으로 예외적으로 학생을 받은 후부터 한국 학부모들의 상담 문의가 끊이지 않았다. 그렇지만 우리는 열방학교를 세울 때, 한국 학생들을 전혀 염두에 두지 않았다. 중국의 한족과 소수 민족들을 위해 세운 학교였기 때문이다.

남편과 나는 한동안 이 문제로 기도했다. 하나님의 뜻을 구하며 "땅 끝까지 이르러 내 증인이 되리라"는 사도행전 1장 8절 말씀을 묵상하다가 우리는 한국 아이들을 복음의 증인으로 부르시겠다는 비전을 받았다. 특별히 하나님께서 내게 주신 사명은, 한국의 청소년들을 가르치되 미지근한 사람이 아니라 확실한 주님의 제자로 양육하라는 것이다. 그들을 다시 한국을 일으켜 세울 선각자, 지도자, 선교사로 세우기 위한 주님의 계획을 받드는 것이다.

우리는 주님께 기쁘게 순종하는 마음으로 이듬해 열방국제중고등학교의 문을 열었다. 그러자 열방국제학교를 책임질 교장이 필요했다. 먼저 문을 연 열방중학교와 열방고등학교의 교장 직(職)은 제자들이 맡고 있었다. 하지만 열방국제학교는 한국에서 오는 유학생들이 많을 테니 한국인이 교장이 되는 것이 좋다고 생각했다. 거기에 학생들에게 국제적인 감각을 키워줄 수 있으면 금상첨화일 것이다.

그 밖에 여러 가지 이유로 적격이라 판단되어 내가 열방국제학교의 교장을 맡게 되었다.

학교 그 이상의 학교를 꿈꾸다

나는 유학생들의 실태를 파악하기 위해 매년 베이징, 상하이 등 유학생이 많은 지역을 방문하고 있다. 처음 그 지역들을 방문했을 때, 학교 주변에 밀집해 있는 음식점과 PC방을 둘러보았다. 음식점은 새벽 1시가 넘은 시각에도 학생들로 붐볐다. 그중 한국에서 유학 온 고등학생이 많았다. 주변 PC방도 한국 유학생들로 가득 차 있었다. 아직 어린 티가 남아 있는 아이들의 입에 담배가 물려 있기도 했다. 자욱한 담배 연기 때문에 숨조차 쉬기 힘들 지경이었다. 금요일 밤부터 주말 내내 아예 그곳에서 지내는 아이들이 한둘이 아니었다. 같은 부모의 입장에서 '학부모들이 이 사실을 알고 유학을 보냈을까?' 하는 마음이 들어 몹시 안타까웠다.

비단 중국뿐만이 아니다. 미국, 캐나다에서도 한국 유학생들이 공부보다는 이성교제나 인터넷 게임에 빠져 지내는 것을 많이 보았다. 유학생들이 너무 방치되어 있다는 생각을 지울 수가 없었다. 어린 나이에 부모를 떠나온 아이들은 마음 붙일 곳이 없어 방황하거나 여가 시간을 제대로 활용하지 못하는 경우가 많았다. 주중보다 주말이 더 심각했는데, 어느 학교에서도 주말까지 학생을 돌봐주지는 않기 때문이었다.

열방중고등학교의 전체 비전은 학교가 학교 이상의 가정 역할을 하고, 교사가 교사 이상의 목자 역할을 하며, 학생을 학생 이상의 제자로 양육하는 것이다. 더욱이 국제학교라면 학교는 유학생들에게 가정의 역할까지 해주어야 한다는 생각이 더욱 간절해졌다. 학생들의 부모가 되어주는 시스템을 만들어, 나부터 부모 같은 선생님이 되어야 한다고 결심했다.

내가 엄마다!

보통 한국의 중고등학교에서 학생들이 교장 선생님과 가깝게 지내는 것은 상상하기 어려운 일일 것이다. 교장 선생님 하면 으레 교장 집무실에서 결재를 하거나 운동장 조회에서 훈계를 하는 분으로 비춰지곤 한다. 하지만 나는 학생들이 언제든지 찾아와 이야기를 나눌 수 있는 친근한 교장이 되고 싶었다. 그래서 내 사무실은 학생들이 있는 교실과 마주하고 있다. 사무실 한편에는 학생들이 언제든 들어와 쉴 수 있는 공간을 마련해두고 간식과 비타민을 준비해놓았다.

학생들 가운데는 특별히 건강관리가 필요한 아이들이 있다. 나는 그 학생들을 위해 아침마다 야채와 과일을 갈아 만든 주스를 사무실로 가져간다. 또 아침을 못 먹은 아이들을 위해 샌드위치를 준비하기도 한다. 그러면 배고픈 녀석들이 으레 내 방에 찾아오고, 아토피로 고생하는 아이들도 내 방으로 도장을 찍으러 온다.

주말이면 학생들을 우리 집으로 초대하는데 아예 자고 가기도 했다. 상담이 필요한 학생들이 있으면 불러서 이야기를 나누는데, 요즘도 집에 오겠다는 학생들이 많아서 토요일 저녁에는 될수 있으면 다른 약속을 잡지 않고 학생들을 맞이할 준비를 한다. 학생들이 나를 어려워하지 않고 선생님 집에 오고 싶어 한다는 것이 감사하고 행복하다. 나뿐만 아니라 다른 선생님들도 사정은 마찬가지다.

내가 학생들을 교육하면서 결정을 내리기 어려울 때 판단하는 한 가지 기준이 있다.

"내가 이 학생의 엄마라면?"

나 스스로 학생들의 엄마라고 생각하면 못할 것이 없었다. 항상 학생들의 마음을 이해하고 보듬는, 나는 그런 엄마 같은 선생님을 꿈꾼다.

학교 이상 가정이 돼라

중3 때부터 중국외 타 지역에서 4개월간 유학하다 부모의 권유로 열방학교로 전학을 온 명호라는 아이가 있었다. 한국에서는 교회를 다녔지만, 중국에 와서 술과 담배를 하고, 수업 시간에 잠을 자거나 학교 담벼락을 넘어 PC방을 드나들던 아이였다고 한다. 우리 학교에 처음 왔을 때도 크게 다르지 않았다. 한동안 욕을하고 다녔고 담배도 끊지 못했다.

그런데 10개월이 지난 어느 주일에 이런 간증을 했다.

"열방중학교에 처음 왔을 때, 제가 얼마나 욕을 하고 다녔는지 매번 선생님들께 꾸중을 들었습니다. 전에 다니던 학교에서는 제가 욕을 하든 담배를 피든 상관하지 않았는데, 이 학교는 규율이 너무 엄해서 답답해 죽을 지경이었습니다. 담배를 피우다 걸리면 반성문을 써야 했고, 훈계를 듣고 벌도 받았습니다. 그런데 이곳에 온 지 10개월이 지난 지금 저의 나쁜 습관들이 신기하게 싹 고쳐졌습니다.

열방학교로 인도하신 하나님께 감사합니다. 부모님께도 감사드립니다. 무엇보다 선생님들의 사랑을 통해 다시 하나님께 돌아왔습니다. 입만 열면 욕이 나왔던 제가 입에서 찬양이 쏟아지는 사람으로 변했습니다. 수업 시간에 잠자기 일쑤였던 제가 부모님 같은 선생님들 덕분에 공부를 좋아하는 사람으로 변했습니다. 하나님을 멀리하려고만 했던 제가 이제 하나님께 어떻게 쓰임 받을지 기대하는 사람으로 변했습니다!"

명호 아버지는 이 이야기를 듣고 기뻐 우셨다고 한다. 나는 그동안 "엄마(선생님)는 널 믿는다"라는 말을 자주 해주면서 명호와 지속적으로 마음을 나누며 상담을 했다. 부모 이상으로 부모가 되니 하나님의 멋진 걸작품이 속속 배출되고 있다.

교사 이상 목자가 돼라

대부분의 크리스천 학교가 기독교 신앙 커리큘럼에만 의존해서 학생들을 교육하고자 하는데, 나는 그것만으로는 부족하다고 생각했다. 교사의 역할은 매우 중요하기 때문에 모든 교사는 학생들의 목자가 되어야 한다. 예수님이 열두 명의 제자 사역에 집중하셨듯이 목장을 만들어 양육하기로 했다. 2명의 목자 교사와 10여 명의 양무리 학생들이 한 목장을 이루고 목장에서는 일주일 간의 생활을 나누고 사랑을 쌓아간다.

학생 한 명 한 명에게 관심과 사랑을 쏟아 붓기 위해 여러 방면으로 교사 네트워크를 만들었다. 한 명의 학생을 보살피기 위해 목자 교사가 교실과 목장, 동아리활동, 봉사활동, 예배시간에 그 학생들과 동고동락하는 것이다. 그리고 매주일 그 학생에 대해 면밀히 기록하여 학생의 부모에게 가정 통신문을 보내준다. 그만큼 교사가 학부모보다 학생을 더 잘 알게 되고, 부모가 하지 못하는 역할까지 대신 해주고 있기 때문이다. 열방국제학교의 경우 학생이 80명인데 교사가 50명이니 상대적으로 교사의 비율이 높기 때문에 가능한 일이기도 하다.

교사들이 학생들의 목자가 되어주는 사례는 매우 많다. 학생이 아프면 밤늦게라도 달려가고 치과나 안과에 갈 때도 교사들이 동행한다. 평소 건강한 식습관을 갖도록 돕고, 기숙사 생활에 적

응하도록 돕고, 학생들이 효과적으로 학습하도록 학생들의 마음
을 헤아려가며 대화를 나눈다. 학생이 참가하는 모든 활동에 참가
하여 행동을 같이하고 주말에도 각종 동아리활동을 지도한다.

무엇보다 학생들을 위해 기도하고 성경공부를 하면서 하나님
을 전하고 있다. 그렇지만 청소년 교육선교에 헌신한 열방학교 교
사들은 이런 수고스러운 일들을 당연한 일이라 여기며 그들을 겸
손히 섬기고 있다.

학생 이상 제자가 돼라

열방학교는 학생 전원이 기숙사 생활을 하는데 선후배가 한
방을 쓴다. 선배들이 후배들의 부족한 점을 채워주라는 뜻도 있었
지만, 선배가 후배를 섬김으로써 그리스도의 사랑을 전하는 진정
한 그리스도의 제자가 되기를 원했기 때문이다. 하나님나라의 질
서상 큰 자가 작은 자를 섬기는 것은 지극히 당연한 일이며 섬기
는 자가 큰 자이기 때문이다.

어느 주일, 신입생 학생이 배탈이 났다. 선배인 준이가 기숙
사에 들러 아픈 학생을 데려와 손을 꼭 잡고 예배를 드렸다. 점심
때는 죽을 먹이더니 쉬는 날인데도 곁을 떠나지 않고 계속 돌보아
주는 것을 보았다. 이렇게 힘든 일이든 기쁜 일이든 선후배가 함
께하는 광경은 열방학교에서 흔히 볼 수 있다.

또 서로 도우며 공부하는 분위기가 형성되어 있다. 선배가 직접 자원하여 후배의 개인 교사가 되어주는 것이다. 누가 시키지 않아도 스터디 그룹을 만들어서 함께 공부하는 학생들을 위해 학교에서는 공부방을 따로 마련해주고 담당 선생님도 배치했다. 이런 학생들의 마음이 참 귀하다.

주일예배 준비도 학생들 몫이다. 찬양 팀 학생들은 토요일 오후에 모여 율동, 찬양, 악기 연습을 한다. 그 외에도 예배 진행에 필요한 프레젠테이션 제작, 예배 안내, 헌금위원, 봉사, 성극 등 각자 맡은 일을 성실하게 하고 있다. 학생들 스스로 시간을 쪼개 평일 저녁에도 기도 모임을 만들어 중보기도를 하고, 매일 말씀을 읽으며 믿음 안에서 성장하고 있다. 그러다보니 학생들이 시간 관리를 점차 잘하게 되었다. 아침 여섯시에 일어나 규칙적으로 운동을 하고, 기숙사 정리정돈도 말끔히 하는 부지런한 생활습관이 몸에 익어간다.

2008년 쓰촨성 대지진이 났을 때, 학생들은 이재민들을 돕기 위해 한 달간 간식을 사먹지 않기로 하고 성금을 모으기도 했다. 매일 식사 때와 잠자기에 들기 전에 아픔을 당한 사람들을 위해 기도하는 시간을 가졌다. 또 주말에는 양로원을 방문해서 어르신들을 공경하는 아름다운 학생들이 되었다.

서로 섬기는 마음으로 그리스도의 사랑을 실천하는 제자의 삶이야말로 학생들이 다져갈 미래의 비전이며, 학생으로서 자기 본분에 충실하게 하는 밑거름이 되리라 믿는다.

나의 목자, 나의 주님

열방학교 학생들을 향한 가르침은 나의 목자이신 주님의 가르침에서 나온다. 주님의 말씀은 내 인생의 가장 중요한 교과서이다. 성경은 주님의 말씀을 지켜 행하는 것이 바른 길이라고 누누이 말씀한다. 좌로나 우로나 치우치지 말아야 한다. 말씀에 인생의 해답이 있다.

나는 내 삶의 교장이신 주님의 영원한 학생이다. 주님의 가르침을 이어받아 학생들에게 전달하는 통로가 되는 것, 그것이 내가 맡은 본분이다.

CHAPTER 12

인생의 뿌리를 아는 신앙인은
푯대를 향해 달려간다

선교사를 꿈꾸는 아이

한국의 현직 교사라는 분으로부터 전화 한 통을 받았다. 지금 중국의 여러 학교들을 방문하고 돌아가는 길인데, 학교에 잠간 들러도 되겠느냐고 했다. 그 분은 오셔서 우리 학교 교육과정에 대해 설명을 들은 후 학교를 둘러보시고 한국으로 가셨다. 그저 중국의 학교를 탐방하고 가신 거라고 생각했다. 그런데 얼마 지나지 않아서 그 분에게 다시 연락이 왔다. 그리고 자신의 아들을 우리 학교에 보내겠다고 말했다.

나는 그 분에게 자초지종을 물었다.

"제가 아들이 둘 있어요. 첫째가 선민인데 1년 전 선민이가 중학교 2학년 때, 다니는 교회에서 캄보디아 의료 선교를 따라갔다 왔는데, 하루는 난데없이 중국으로 유학을 가고 싶으니까 엄마가 도와달라고, 갈 만한 학교를 알아봐달라고 하지 뭐예요. 넌 아직 너무 어려서 안 된다고, 유학은 나중에 대학에 가서 결정해도 늦지 않다고 말하고 잊어버렸는데, 1년 뒤에 또 얘기하는 거예요. '엄마 내가 말한 학교 알아보셨어요?' 하고 말이죠."

"아, 네."

"저는 완강하게 반대했는데 남편은 기도해보자고 하더군요. 하나님의 계획하심이 있을지 모른다는 생각에, 선민이에게 이번에 중국에 가서 엄마 마음에 꼭 드는 학교가 있으면 하나님의 응답이라 생각하겠다고 하고, 아이의 유학을 고려해보기로 한 거죠. 아이가 그렇게 진지하게 중국 유학을 생각하는 줄 몰랐거든요."

"선민이가 집념이 강한 아이로군요."

"선민이는 의료 선교사가 되려는 꿈이 있어요. 중의학(中醫學)을 배워서 의료 혜택을 받기 어려운 나라 사람들을 돕고 싶대요. 그래서 중국어부터 배우겠다고 말해요. 전 아직 아들과 떨어지는 게 싫은데…."

그런데 이번에 중국을 여행하면서 우연히 열방학교를 알게되었고, 학교를 방문했을 때 교육 과정과 교육 철학에 대해 들으며 '바로 이거야!' 하는 깊은 울림이 있었다는 것이다. 학교 시설도 둘러보고 기숙사며 교실도 보았는데 그때 무엇을 보았는지 지금은 하나도 생각나지 않는다고 했다. 왜냐하면 열방학교가 이미 그 선생님의 마음에 들어왔기 때문이었다.

그 분도 현직 교사로 모든 아이들이 자신의 가능성을 발견하고, 꿈을 꾸게 하는 학교, '살리는 학교'를 세우는 꿈을 가지고 있다고 했다. 또 입시 경쟁 체제에 놓여 있는 한국의 교육 현실을 매우 안타까워 하셨다.

학교냐? 선교사 양성소냐?

그 후 장래 선교사를 꿈꾸는 아이들이 하나둘 열방학교로 모이기 시작했다.

남편이 늘 하는 말이 있다.

"열방국제학교 학생의 십분의 일은 선교사가 나오면 좋겠어!"

우리는 중앙아시아, 동남아시아, 아랍권에서도 학생들을 데려올 계획을 가지고 있다. 지금 그 지역에서는 중국에 대한 관심이 높아 중국어를 배우려는 열풍이 일어나고 있는데, 이것을 선교에 적극 활용하려는 것이다. 그 지역 학생들을 데려다가 가르칠 경우 그 지역으로 직접 가서 선교하는 것보다 선교하기에 훨씬 용이하다. 이곳에 모인 학생들에게 하나님의 사랑을 전하고 전 세계 청소년들을 일깨워 그들이 하나님의 자녀가 되어 주님을 위해 헌신하는 것을 보고 싶다.

더 나아가 전 세계 대학으로 흩어져 복음을 전할 일꾼들을 기르기 위해 열방학교에 CFC라는 단체를 조직했다. 'Campus For Christ', 즉 그리스도를 위한 캠퍼스라고, 우리 학교 졸업생들이 중국뿐만 아니라 전 세계 대학으로 진학하게 될 것을 기대하며 만든 선교단체이다. 고등학교 2학년 학생부터 지원자를 선발하여 방학 중에 성경공부와 집중적인 선교 훈련을 시키는데, 올해 CFC가 배출한 첫 졸업생 중에서 4명이 졸업과 동시에 미국으로 유학을 갔다.

나는 지구촌 곳곳의 학생들이 열방학교에 들어와 교회가 되고, 또 열방학교를 나가 교회를 세우는 것을 믿음의 눈으로 바라보고 있다.

험한 세상에 다리가 되어

우리는 열방학교 학생들에게 졸업 전에 반드시 아웃리치(outreach)를 보낸다. 이 아웃리치는 학생들이 4일간 초등학교 교사가 되어 시골 학교 학생들을 가르치는 것이다.

실제 아웃리치를 가는 기간은 4일이지만, 준비 기간은 훨씬 길다. 3개월간 기도로 준비하며 타민족 사역에 대한 기본적인 이론 강의를 듣는다. 일주일 전부터는 교사와 학생들이 아웃리치에서 진행할 프로그램을 짜고 최종 실습 후 현장으로 나가는 것이다. 아웃리치는 학생들이 처음 나가는 선교로 대개 영어를 가르쳐 주는 영어캠프를 진행하는데, 내용면으로 각자 어린 선교사 노릇을 톡톡히 해내고 있다.

아웃리치를 다녀와서 꿈이 바뀌고 공부하는 이유가 바뀌었다는 아이들도 많다. 그중 메이리가 아웃리치를 다녀와서 이렇게 말했다.

"선생님, 저는 나누는 사랑의 힘이 얼마나 큰지 알게 되었어요. 그리고 제가 공부하는 이유도 바뀌었어요!"

"어떻게 바뀌었는데?"

"저만 위해 공부하는 것이 아니라 선생님들처럼 사랑을 나눠주고 다른 사람을 위해 살아야겠다고 결심했어요."

"그래, 아웃리치를 통해 우리가 사랑을 베푼 것 같아도 사실은 더 많은 사랑을 받게 되는 거란다."

"선생님, 제 장래 희망이 뭔지 아세요?"

"음…. 변호사? 처음 입학할 때 변호사가 되고 싶다고 했지?"

"아니요. '브릿지 메이커'(Bridge Maker)예요. 사랑을 전달하고 그 사랑으로 사람들을 돕는 일에 다리가 되고 싶어요!"

메이리는 기독교에 대해 매우 부정적인 생각을 가지고 있던 학생이었다. 예수 믿는 친구들을 손가락질하던 그 학생이 아웃리치를 통해 주님을 만난 후 누구보다 예수님을 전하는 데 열심인 학생으로 바뀐 것이다.

아웃리치를 다녀온 학생들이라면 누구나 이렇게 고백한다.

"가르치러 갔지만 배운 것이 더 많고, 사랑하러 갔지만 더 많은 사랑을 받고 돌아왔어요!"

흔히 다른 사람을 위해 시간을 쓰면 기운이 빠진다고 생각한다. 그러나 오히려 힘을 얻고 그 능력은 더욱 빛을 발하게 된다. 우리는 섬김으로 말미암아 세상을 이기는 능력을 얻을 수 있다. 주님이 자신과 함께하심을 체험하고 나면 자신감이 생긴다. 이것이 바로 그리스도 안에서 갖게 되는 자신감이다.

'나도 주님을 위해 무언가 할 수 있구나. 주님이 나 같은 사람도 쓰시는구나!'

그제야 이것을 깨닫게 되는 것이다.

네 인생을 주님께 걸어라

2009년 6월, 열방고등학교의 첫 졸업식이 있었다. 학생 대표로 나온 뚱메이가 후배들과 교사들 앞에서 졸업사를 했다.

"지난 6년간 열방학교를 다니면서 늘 궁금한 점이 있었습니다. 저와 피도 섞이지 않은 선생님들이 제게 많은 사랑을 해주신 것입니다. 그런데 오늘 마태복음 10장 42절 말씀을 보다가 갑자기 깨달았습니다. 선생님들은 지극히 작은 자에게 냉수 한 그릇이라도 주라는 예수님의 말씀을 따라 저희에게 사랑을 베풀어주셨다는 걸요. 저도 선생님들처럼 주님의 제자가 되어, 제가 거저 받은 사랑을 거저 주며 살아가겠습니다."

또 누구든지 제자의 이름으로 이 소자 중 하나에게 냉수 한 그릇이라도 주는 자는 내가 진실로 너희에게 이르노니 그 사람이 결단코 상을 잃지 아니하리라 하시니라 마 10:42

학생들에게 말로 일일이 가르치지 않아도 된다. 삶으로 본을 보일 때 학생들은 스스로 깨닫는다. 내가 사는 인생이 학생들에게 본이 되고 선한 영향력을 미치는 것이 중요하다.

그러나 그보다 더 중요한 것이 있다. 나를 그렇게 살게 하는 원동력, 즉 우리 인생의 뿌리가 무엇인지 아는 것이다. 우리는 하나님께로서 난 자들이다. 그러므로 내 인생은 내 것이 아니라 하나님의 것이다. 우리가 인생의 뿌리를 알고 신앙생활을 한다면 그 자체로 세상을 이기는 능력이 된다. 그 신앙은 나 하나 구원받은 것으로 끝나지 않는다. 신앙은 삶의 경쟁력이자 난관을 뚫는 돌파력이기 때문이다.

그래서 인생의 뿌리를 아는 신앙인은 하나님께서 주실 상을 얻기 위해 푯대를 향해 달려간다.

푯대를 향하여 그리스도 예수 안에서 하나님이 위에서 부르신 부름의 상을 위하여 좇아가노라 빌 3:14

또 다른 졸업생 샤오민은 CFC 일원으로 졸업과 동시에 미국으로 유학을 갔다. 그리고 공부를 마치면 중국으로 돌아와 열방학교 교사가 되고 싶다고 했다. 샤오민이 자신의 포부를 또랑또랑한 목소리로 말했다.

"열방학교 교사가 되는 것은 예수님을 만난 후 제가 품게 된 비전입니다. 이 비전을 따라 최선을 다하겠습니다. 열방학교 선생님들처럼 학생들이 웃어주기만 하면 행복해 하는 그런 선생님이 되도록 노력하겠습니다.

선생님들이 없었더라면 저는 지금 전혀 다른 곳에서 다른 모습으로 살았을 겁니다. 수천 번 고개 숙여 고마움을 표현해도 부족합니다. '너는 사랑 받기 위해 태어난 존재'라 말씀해주신 가슴 떨리는 그 사랑을 받을 때부터 열방학교 선생님이 되고 싶었는지 모르겠습니다. 열방학교 선생님이 된다는 것은 매우 힘들 일이라는 것을 잘 알고 있습니다. 그래도 좋습니다. 사랑은 주는 거라고, 그냥 주는 거라고 선생님들께 배웠으니까요."

나는 샤오민의 눈가에 고인 눈물을 닦아주며 꼭 껴안아주었다. 1993년에 처음 중국에 와서 자오리밍을 만나고 그가 하나님의 사랑으로 지금 나의 든든한 동역자가 되었듯이, 샤오민을 바라보며 다음 세대의 자오리밍을 보는 듯해서 나는 마음이 뿌듯했다.

타문화를 포용하는 리더가 돼라

열방학교가 지향하는 리더십은 크게 세 가지로 나눌 수 있다. 첫째, 타문화를 포용하는 리더, 둘째, 글로벌 비전을 품은 리더, 셋째, 섬기는 리더이다. 열방학교는 이와 같이 세계적인 리더를 양성하는 일에 정진하고 있다.

중국은 56개 민족이 모여 사는 다민족 사회이다. 민족이 다양한 만큼 문화도 다양하다. 중국이 아니더라도 세계화 시대에 살고 있는 우리는 다른 문화적 배경을 가진 민족들과 함께 살아가야 한다. 타민족에 대한 배타성을 가지고는 세계를 품는 리더가 될 수 없다.

예수님이 이 땅에 오셨을 때, 예수님은 '하늘의 문화'(Heavenly Culture)를 가진 분이셨지만 '인간의 문화'(Human Culture)를 입으셨다. 우리와 같이 되시기 위해, 우리를 섬기시기 위해 그렇게 하신 것이다. 요한복음 1장 14절에도 "말씀이 육신이 되어 우리 가운데 거하시매"라고 했다. 말씀이신 하나님이 사람이 되셔서 우리 가운데 사신 것이다. 따라서 우리도 우리를 구원하시기 위해 보여주신 주님의 타문화 사역을 우리의 모델로 삼아야 한다. 국제비즈니스든지 선교도 마찬가지이다.

타문화 포용은 우리가 반드시 배워야 할 21세기의 덕목이다.

세계 비전을 품은 리더가 돼라

세상 사람들은 소위 잘사는 나라를 우러르고 그 나라의 언어를 배우기 위해 애쓴다. 영어 교육 과열 현상만 보더라도 알 수 있는 일이다. 왜냐하면 좀 더 높은 세상의 자리를 차지하기 위해 발버둥치기 때문이다.

그러나 예수님은 온 세상을 향한 꿈을 품으셨지 잘사는 세상 나라나 이 땅에서 좀 더 높은 자리를 차지하기를 원하지 않으셨다. 세계의 질서가 로마에 있다 해서 헬라어로 소통하지 않으셨으며, 구약에 정통하셨다고 해서 히브리어로 소통하지 않으셨다. 예수님은 당시 일반 서민들의 언어인 아람어로 사람들과 소통하셨다.

이 천국 복음이 모든 민족에게 증거되기 위하여 온 세상에 전파되리니 그제야 끝이 오리라 마 24:14

주님은 이 세상을 향한 꿈을 가지고 계셨다. 그것은 천국 복음을 모든 민족과 온 세상에 전파하는 것이다. 이것이 예수님의 글로벌 비전이다.

나는 우리 학생들도 주님과 동일한 비전을 품기 바란다. 그래서 높은 산꼭대기로만 오르려고 하는 자가 아니라 전 세계 모든 민족을 품고 기도하는, 품이 넓은 학생이 되기를 바라는 것이다.

섬기는 리더가 돼라

요즘 청소년들은 부모로부터 받기만 하는 데 익숙해서인지 남을 배려하고 섬기는 모습을 찾아보기 어렵다. 다른 사람을 돌아보거나 생각할 겨를도 없이, 거의 다 공부 아니면 휴대폰 또는 인터넷 게임에 몰두한다. 그래서 우리는 열방학교를 '무균지대'로 선포하고 휴대폰 사용과 인터넷 게임을 금지했다. 대신 그 시간에 다른 사람을 위해 봉사하고 취미생활과 운동을 하도록 했다.

섬기는 리더가 되려면 돈을 제대로 써야 하고 정직해야 한다. 크리스천의 재정 관리는 매우 중요하고 어릴 때부터 올바른 습관이 몸에 배지 않으면 커서는 더 하기 어렵다. 따라서 열방학교에서는 부모가 학생에게 개인적으로 용돈을 주지 않도록 하고 학교 재무과에서 학생들의 통장을 관리하도록 한다. 어린 학생들은 절제하지 못하는 경우가 많고, 돈을 어떻게 쓰는지 그 용도를 제대로 파악할 수 없기 때문이다.

학생들이 용돈을 쓰려면 일주일에 한 번씩 지출할 내역과 항목별 금액을 적어서 해당 목자 교사에게 사인을 받은 다음 재무과에 가서 돈을 타야 한다. 그리고 학생들의 지출내역을 정리해 십일조 생활은 하는지, 다른 사람을 위해 쓰는 돈이 차지하는 비율은 전체에 얼마나 되는지를 분석하고 부모에게도 알려준다. 하나님이 물질의 복을 주시는 것은 나 자신만을 위함이 아니라는 것을 가르쳐주어야 하기 때문이다. 그 돈은 하나님의 것이며 우리는 단지 맡겨주신 돈을 관리하는 관리인이라는 것을 확실히 가르쳐야 한다.

열방학교는 정직을 중요한 성품으로 교육한다. 공부를 잘 못해도, 담배를 피워도 용서할 수 있지만, 거짓말만은 용납하지 않는다. 아무리 나쁜 일을 저질렀어도 솔직하게 잘못을 시인하는 사람은 고칠 수 있다. 그러나 계속 거짓말하고 자신까지 속이는 사람에게 변화를 기대할 수는 없다. 그래서 우리는 매우 엄격한 교칙을 만들었다. 거짓말을 세 번 넘게 한 것이 적발되면 그날로 퇴학 조치시킨다는 것이다.

상아라는 학생은 상위권 대학에 진학할 수 있을 만큼 성적이 우수한 학생이었다. 그런데 계속해서 거짓말을 했고 그것이 적발되었다. 용돈을 타려면 목자 교사의 사인을 받아야 하는데, 교사의 사인을 위조해 용돈을 타기도 했다. 얼마든지 원하는 만큼 돈을 탈 수 있는데도 교사의 사인까지 위조한 것이다. 우리는 교칙에 의거해서 상아를 퇴학시키기로 결정했다. 최후의 조치를 통해

서라도 상아에게 정직의 중요성을 깨닫게 하고 싶었다.

이런 일을 눈감아준다면 정직하지는 않아도 우수한 학업 성적으로 학교의 이름을 드높일 수 있는 학생이다. 그러나 우리가 그 학생을 하나님의 사람으로 올바르게 키우지 못한다면, 아무리 명문대학에 보낸다 한들 그것은 우리의 자랑거리가 아니라 수치일 뿐이다. 이생의 자랑에 목매는 학교에 만족했다면 열방학교는 존재할 이유가 없다.

우리는 진심으로 이렇게 기도한다.

"이곳에 더 이상 복음의 진보가 없다면 차라리 이 학교 문을 닫게 해주세요. 아니 망하게 해주세요!"

나는 열방학교를 통해 세상이 감당하지 못할 아이들이 배출되기를 바란다. 우리 교사들이 그렇게 주님께 기도하며 학생들을 섬기고 있기 때문이다.

CHAPTER 13

한 알의 밀알이 썩어짐으로
더 많은 밀알이 열매 맺는다

이 기쁜 소식을 온 세상 전하세

1년에 두 차례씩 방학 때마다 한국 한동대학교의 캠퍼스 사역 팀 '하심'(하나님의 심정이라는 뜻)이 학생들에게 성경공부를 가르친다. 책임 디렉터인 이영희 형제가 열방학교에 두 번째 방문했을 때 우리 학생들에게 물었다.

"내일 지구가 멸망한다면 너희들은 오늘 무얼 할 거니?"

"전도할래요!"

아이들은 조금의 망설임도 없이 대답했다.

이영희 형제는 이 아이들을 보면서, 살아 계신 하나님께서 잃어버린 영혼들에 향해 얼마나 간절한 사랑으로 안타까워하고 계신지 느꼈다고 한다.

이번에는 그가 조금 다른 질문을 했다.

"만약 하나님께서 딱 한 가지 소원을 들어주신다면?"

이 물음에도 아이들의 대답은 모두 동일했다.

"이 세상 모든 사람들이 주님을 믿는 거요!"

세상 사람들이 주님을 믿는 것이 유일한 소원이라 말하는 아이들 앞에 그는 할 말을 잃었다고 말했다. 자신이 한없이 부끄러워졌고, 복음에 대해 다시 한번 진지하게 생각해보는 계기가 되었다고 한다.

'복음은 복잡한 것이 아니라 그저 기쁜 소식이었는데, 나는 여태껏 '어떻게 전할까' 하는 방법론에 대해서만 고민하고 있었구나. 그냥 전하면 되는 건데….'

그는 학생들에게 자신이 성경을 가르친 것이 아니라 믿음에 대해 더 배우고 간다고 말했다.

"선생님, 이 아이들은 복음을 어떤 통로와 방법으로 전할지 우리처럼 고민하지 않았어요. 하지만 하나님을 자신이 사랑하는 이들에게, 하나님을 모르는 이들에게, 말이나 글이나 무엇으로든 전하기만 하면 된다는 마음을 가지고 있습니다."

섬김의 본을 따라

어느 여름, 미국 애리조나에서 단기선교를 온 팀이 우리 학교 학생들을 위해 세족식을 해주었다. 그런데 학생들이 손사래를 치며 선생님이 자기들의 발을 닦아주실 수는 없다고, 차라리 머리를 감아달라고 버텼다. 단기선교 팀은 "그러면 너희는 나와 상관이 없다"라고 말하며 학생들의 발을 씻겨주었다. 예수님이 제자들의 발을 씻겨주려고 하셨을 때 베드로와 예수님이 나눈 대화와 다를 바 없었다.

중국의 스승의 날은 한국과 달리 9월 10일이다. 학생들이 선생님들께 어떻게 고마움을 전할까 생각하다가 여름에 경험한 세족식이 떠올린 것이다. 그때 '섬기는 것이 이런 것이구나' 하고 깨달았나보다.

스승의 날, 학생들이 몰래 준비한 이벤트가 시작되었다. 교사들을 강당에 모여 달라 부탁하더니, 미리 정렬해놓은 의자에 우리를 앉혔다. 무슨 영문인가 하고 어리둥절해서 있는데, 한 학생의 "실시!"라는 구령 소리에 맞추어 학생들이 일사불란하게 움직였다. 의자 앞에 서 있던 학생들은 일제히 무릎을 꿇었다. 그리고 선생님의 양말을 벗기더니 야무지게 발을 씻긴 다음 수건으로 닦은 후에 새 양말을 신겨주었다. 뒤에 서 있던 학생들은 주물주물 선생님들의 어깨를 주물러주었다.

"선생님, 그동안 저희를 위해 잘 가르쳐주시고 섬겨주셔서 감사합니다. 오늘만큼은 저희들의 섬김을 받아주세요."

아이들이 한목소리로 외치더니 이어서 축복의 노래를 합창했다.

"당신은 사랑받기 위해 태어난 사람, 당신의 삶 속에서 그 사랑 받고 있지요…."

강당은 온통 울음바다가 되었다. 그야말로 감동의 도가니였다. 우리는 학생과 교사 한 명씩 돌아가며 포옹하는 시간을 가진 뒤 이야기꽃을 피웠다.

하나님의 사랑을 받아야 사랑할 수 있다

나를 또 한 번 크게 울린 일이 있다. 작년 어버이날, 책상 위에 편지 한 통이 놓여 있었다. 스승의 날도 아닌데 무슨 편지인가 했다. 삐뚤삐뚤 수줍게 써내려간 성훈이의 편지를 읽고 나는 콧잔등이 시큰해졌다.

"교장 선생님! 오늘은 어버이날이에요. 집에 전화해서 부모님께 감사하다고 했어요. 하지만 선생님께도 감사를 전하고 싶어요. 스승의 날도 있는데 굳이 어버이날에 이렇게 편지를 쓰는 이유는 중국에 와서 힘들 때 도와주신 분도 교장 선생님이시고, 선생님이 제게 해주신 한마디 한마디가 저를 올바른 길로 가게 해주었기 때문이에요. 선생님은 제게 이국땅에서 만난 인생의 스승이고, 또 한 분의 어머니세요. 물론 사랑하는 저의 진짜 엄마도 계시지만, 엄마가 없는 곳에서 저를 키워주시고 이끌어주시는 선생님은 제 마음속에 또 다른 어머니세요…."

이성훈

내가 엄마 같은 사람으로 비춰졌다니 정말 감사했다. 하나님의 자녀라면 누구나 사랑을 베풀 수 있다. 그러나 다른 사람을 사랑하기 전에 하나님의 사랑을 먼저 받아야 한다. 나도 내가 다른 누군가를 섬기고 사랑할 수 있을 줄 몰랐다. 내 인생에서 불가능해 보이는 일이었다. 그러나 하나님의 사랑을 받고 난 후 그 사랑으로 이렇게 제자들을 섬기고 있다.

우리가 아직 죄인이었을 때 주님이 우리에게 아들을 선물하신 것처럼 우리도 누군가에게 똑같이 선물을 해야 한다. 내가 유난히 사랑이 많아서 학생들을 사랑할 수 있는 것이 아니다. 하나님으로부터 놀라운 사랑을 받았기 때문에 그 사랑을 전하는 것뿐이다.

변하는 아이들, 변하는 교사

영어 교사로 1년간 선교하러 온 Aileen 선생이 열방학교에 온

지 7개월쯤 됐을 때의 일이다. 하루는 그 자매가 나를 찾아와 학교에 더 남아 섬기고 싶다고 말했다.

"열방학교에 와서 동료 교사나 학생들에게 가장 많이 들은 말이 아이들이 변했다는 소리였어요. 하지만 저는 솔직히 아이들의 변화된 모습만 봐서 그런지 그 말이 그다지 마음에 와 닿지 않았어요. 그런데 정말 놀라워요!

지난 학기에 수업 시간에 친구와 떠들며 수업을 방해하던 학생이 지금은 적극적으로 수업에 참여하고 있고, 문법 시간인지 독해 시간인지 몰라 매일 물어보던 학생이 지금은 자신과 똑같이 시간표 때문에 애를 먹는 신입생을 돕고 있으니 말이에요!"

그녀는 그뿐만이 아니라면서 계속 말했다. 목장 모임에서 한 학생이 이렇게 말하는 것을 들었다고 한다.

"야, 솔직히 우리 학교 같은 학교 진짜 없어. 우리가 아플 때 선생님이 걱정해주시고 하나하나 일일이 신경써주시는데 이런 학교가 어디 있냐?"

"저는 이 말을 듣고 얼마나 감사했는지 몰라요. 자유가 없다고 불평하던 아이들이었는데…. 더 많이 놀고 싶은 아이들에게는 규칙적이고 통제된 생활이 가장 큰 불만이고, 이해할 수 없는 일일 거라고 생각했어요. 그런데 제 예상을 깨고 모두들 그 학생 말에 '맞아, 맞아' 하고 고개를 끄덕였어요. 마치 철없던 딸이 시집을 가서야 엄마의 마음을 헤아리게 되는 것처럼, 학생들도 전에는 알지 못했던 선생님들의 마음을 이제야 알아주는 것 같았어요."

그리고 변하는 아이들을 보면서 자신도 달라졌다고, 이 아이들을 섬기는 일을 놓을 수가 없다고 고백했다.

"이렇게 변하는 아이들을 통해 저 역시 조금씩 변화되고 있습니다. 평소 낯간지러운 말을 잘 못하는 편이지만, 아이들에게 칭찬의 말을 아끼지 않으려고 노력하고, 자신감이 부족한 아이들에게는 사소한 일이라도 기억해두었다가 꼭 잘했다고 말해주죠. 수업 시간 외에도 식사시간, 쉬는 시간, 체조 시간에도 아이들을 눈여겨 보고 아이들에게 무엇이 필요한지 생각하게 되었어요. 이제 아이들의 변화는 더 이상 다른 사람의 경험담이 아니라 저의 산 경험이 되었어요."

한 알의 밀알이 썩어야

어느 주일예배 때 요한복음 12장 24-26절의 '한 알의 밀알'에 대한 말씀을 나누려 하다가 그전에 학생들에게 자신이 묵상한 내용을 나눠보라고 말했다. 예배 워십댄스를 인도하는 수정이가 말했다.

"저희 아빠는 개척 교회 목사님이어서 저는 어려서부터 많은 사람들과 함께 살았습니다. 부모님은 늘 양보해라, 도우며 살라고 하셨어요. 하지만 저는 교회 동생들이 내 물건에 손대는 것을 싫어했고, 내가 좋아하는 것을 나눠주기가 싫었습니다. 엄마가 내 물건을 다른 아이들에게 나눠주려고 하면 엄마를 미워하기도 했어요. 저는 이기적이고 욕심이 많은 아이였어요."

"예쁘고 마음씨 고운 수정이가 그랬다니 믿기지 않는구나."

"선생님, 그뿐만이 아니에요."

수정이는 계속해서 자신의 이야기를 털어놓았다.

"저희 가족은 따로 가족 여행을 간 적이 없었어요. 친구들은 산이나 계곡, 바다로 가족 여행을 가는데 우리는 왜 안 가느냐고 부모님께 따지면, 엄마는 전교인 수련회에 가지 않느냐고 하시며 가족 여행이 따로 필요 없다고 하시는 거예요. 왜 나만 이래야 하는지 정말 속상했어요."

"수정이가 마음고생이 많았겠구나."

"교회 사택에서 살 때는, 주일, 수요일과 금요일이 되면 내 방은 사라지고 말았어요. 그리고 아이들이 제 물건에 마음대로 손을 대고 집 컴퓨터를 사용했어요. 저는 그때 '왜 나는 목사의 딸로 태어나 이렇게 살아야 할까?' 하고 하나님께 불평하고 화를 내기도 했어요."

수정이는 남들에게 양보만 해온 것을 억울하게 느끼고 불평했다. 그랬던 수정이가 어깨를 들썩이며 애써 눈물을 참으며 말을 이어갔다.

"그런데 열방학교에 와서 왜 다른 사람들을 위해야 하는지 자연스럽게 깨닫게 되었어요. 그리고 제가 무엇을 받았는지 생각해 보았어요. 저는 어려서부터 많은 옷과 학용품을 교회 어른들께 받았고, 또 그 분들의 기도와 사랑을 받으며 자랐다는 것을 깨달았어요. 저는 제 불평만 하고 왕따 당하거나 힘들어 하는 아이에게 한 번도 먼저 손을 내밀지 못했어요. 그동안 누구보다 큰 복을 받고 살았고 하나님이 정말 나를 사랑해주셨는데 말이에요. 나를 위해 친히 밀알이 되어주신 예수님처럼 저도 열매를 많이 맺는 한 알의 밀알로 살아갈래요."

수정이가 한 말이 나의 마음에 와 닿았다. 친히 밀알이 되신 예수님, 그분이 죽으셔서 내가 밀알이 되었고, 나의 썩어짐으로 더 많은 밀알들이 열매를 맺을 것이다. 많은 아이들이 썩어야 열매 맺는 법을 배워가고 있다.

섬기고 죽는 사명과 영광에 동참하라

요한복음 12장에 예수님이 생애 마지막 유월절을 지키기 위해 예루살렘에 들어가시는 장면이 나온다. 주님은 주님의 사명이 완수되어간다는 것을 아셨다. 유월절 명절에 예배하러 온 헬라인들이 예수님을 만나고 싶어 했을 때, 예수님이 말씀하셨다.

인자(人子)의 영광을 얻을 때가 왔도다 요 12:23

처음에는 섬기러 오셨다는 예수님이 웬 영광인가 싶어 나는 의아했다. 마태복음 20장 28절에서도 "인자가 온 것은 섬김을 받으려 함이 아니라 도리어 섬기려 하고 자기 목숨을 많은 사람의 대속물로 주려 함이니라"라고 분명히 말씀하셨다. 그러나 예수님은 이유가 있으셨다. 이제 예수님이 자신이 죽을 때가 되었다고 말씀하시는 것이다. 예수님은 자신이 곧 십자가에 달려 죽으실 것을 알고 계셨다.

예전에 내 인생의 목표는 어떻게 하면 남들보다 더 빨리, 더 높이, 더 많이 영광을 받을 수 있을까 하는 것이었다. 그러나 이제는 나도 안다. 예수님이 돌아가실 때가 그분이 영광을 받으시는 때였다는 것을. 예수님은 이어서 말씀하셨다.

내가 진실로 진실로 너희에게 이르노니 한 알의 밀이 땅에 떨어져 죽지 아니하면 한 알 그대로 있고 죽으면 많은 열매를 맺느니라 요 12:24

예수님의 죽으심으로 나 같은 사람도 열매가 되는 특권을 누리게 된 것이 아닌가. 나는 예수님의 죽으심으로 말미암아 맺힌 열매다. 그러면 나는 왜 사는가? 나도 예수님처럼 섬기고 죽기 위해 사는 것이다. 이 땅에 사신 예수님의 사명이 '섬기고 죽는 것' (to serve and to die)이었듯이 그리스도인이라면 섬기는 것이 사명이어야 마땅하다. 영광은 죽을 때 받는 것이다. 내가 살아 있을 때 받는 것이 아니다. 사도 바울도 인생을 마감할 때가 왔을 때 사랑하는 제자 디모데에게 말하지 않았는가.

관제와 같이 벌써 내가 부음이 되고 나의 떠날 기약이 가까웠도다 내가 선한 싸움을 싸우고 나의 달려갈 길을 마치고 믿음을 지켰으니 이제 후로는 나를 위하여 의의 면류관이 예비되었으므로 주 곧 의로우신 재판장이 그날에 내게 주실 것이니 내게만 아니라 주의 나타나심을 사모하는 모든 자에게니라 딤후 4:6-8

이참에 나도 사명선언문을 작성해보았다.

"최수현이 온 것은 누군가의 섬김을 받으려 함이 아니라 도리어 섬기려 하고 많은 사람들에게 섬김의 왕이신 예수님을 알리기 위함이라."

CHAPTER 14

인생의 우선순위를 바로잡고
풍성한 복을 누려라

그리스도를 형상화하는 인생

한번은 내가 중국 공산당원을 직접 만난 적이 있다. 사상이 얼마나 투철한지는 그 눈빛만 보아도 알 수 있었다. 그 사람은 남편의 제자 설매의 이모였다. 아마 설매가 이모에게 우리 가족 이야기를 한 모양이었다.

"내 조카가 최 교수님으로부터 큰 사랑을 받았다고 합니다. 천방지축이던 아이였는데 최 교수님 가정을 통해 조카가 아주 달라졌습니다."

"그렇게 봐주시니 감사해요. 사실 별로 한 것은 없어요. 시간이 날 때마다 함께 보냈을 뿐이지요. 우리 집에서 함께 밥 먹으며 이야기도 하고요."

"그것이 강력한 무기였다는 말입니다."

"무기라니요?"

"두 분이 보여주신 사랑으로 아이가 달라졌어요. 내가 아무리 타이르고 혼내도 듣지 않던 아이였는데, 사랑이 핵폭탄 같다는 것이 무슨 말인지 이제 알았습니다. 그러니까 무기이지 뭐겠습니까?"

"아…. 듣고 보니 그러네요."

"조카가 하루는 제게 할 말이 있다고 했어요. 자기가 예수님을 믿는다고 말하더군요. 그런데 내가 놀란 것은 그 아이가 점차 달라지더라는 겁니다. 최 교수님 부부가 믿는 기독교에 무엇이 있기에 사람이 변하는지 궁금했습니다."

"네, 그러셨군요."

"당신들은 '형상(形象)전도'를 하고 있습니다. 말로 아닌 삶으로 말이죠. 오늘날의 공산당은 구호만 무성하거든요. 두 분이 믿는 성경을 나에게도 가르쳐주시겠습니까?"

그 분은 나와 함께 성경공부를 했고 자신의 죄를 회개하고 예수님을 영접하기에 이르렀다. 나는 그 분이 썼던 '형상전도'라는 용어가 마음에 와 닿았다. 우리 삶에서 그리스도가 구체화되지 않는다면 오히려 그리스도인이 복음을 전하는 데 걸림돌이 될 수 있다. 그리스도의 마음으로 유대인들에게는 유대인과 같이, 율법 없는 자에게는 율법 없는 자같이, 약한 자에게는 약한 자와 같이 되어 그들을 섬길 때 그리스도의 형상이 나타나는 것이다.

내가 모든 사람에게 자유하였으나 스스로 모든 사람에게 종이 된 것은 더 많은 사람을 얻고자 함이라 유대인들에게는 내가 유대인과 같이 된 것은 유대인들을 얻고자 함이요 율법 아래 있는 자들에게는 내가 율법 아래 있지 아니하나 율법 아래 있는 자같이 된 것은 율법 아래 있는 자들을 얻고자 함이요 율법 없는 자에게는 내가 하나님께는 율법 없는 자가 아니요 도리어 그리스도의 율법 아래 있는 자나 율법 없는 자와 같이 된 것은 율법 없는 자들을 얻고자 함이라 약한 자들에게는 내가 약한 자와 같이 된 것은 약한 자들을 얻고자 함이요 여러 사람에게 내가 여러 모양이 된 것은 아무쪼록 몇몇 사람들을 구원코자 함이니 고전 9:19-22

인도의 민족운동 지도자 간디가 남긴 이야기는 오늘 우리에게 여전히 의미심장하게 들리지 않는가. 간디가 한 선교사로부터 질문을 받았다.

"인도에서 기독교를 전하는 데 가장 큰 걸림돌이 무어라고 생각합니까?"

"바로 기독교인들입니다."

그 사람이 한 가지 질문을 더했다.

"왜 당신은 그리스도를 따르지 않습니까?"

"오, 나는 당신의 그리스도를 거부하지 않습니다. 나도 당신의 그리스도를 사랑합니다. 그러나 당신들 그리스도인들은 당신이 전하는 그리스도와 너무 다릅니다."

오늘날 기독교인들도 세상으로부터 이런 말을 듣고 있다. 믿지 않는 많은 사람들이 기독교에 대해 반감을 가지고 있다. 물론 여러 가지 이유가 있겠지만 그리스도인의 삶 속에 그리스도가 형상화되지 않기 때문이 아닌지 반드시 돌아보아야 한다.

신혼부부의 하나님 사랑

나는 처음부터 전혀 갈등하지 않고 선교지로 오는 사람들을 보면 참 부럽다. 내가 그러지 못했기 때문이다. 그들의 마음속을 들여다보고 싶을 때가 많고, 참 대단하다는 생각이 든다. 중국에서 함께 사역하고 있는 남성모, 이지선 부부가 그런 사람들이다. 남성모 선생은 신학대학원 학생이었고, 이지선 선생은 '컴패션'이라는 국제아동구호기구에서 섬기고 있었다. 두 사람은 2009년 2월 14일에 결혼해서 그 다음날 중국 희망시로 신혼여행(?)을 왔다. 결혼 기념으로 자신들의 신혼 기간 1년을 하나님께 온전히 드리기로 합의를 하고 선교지에 온 것이다. 난 이런 사람들을 천연

기념물 보듯 한다. 그들의 헌신이 너무 귀하고 아름다워 보인다.

'얼마나 하나님을 사랑하기에….'

그들이 도착한 날, 나는 그들을 따뜻하게 영접했다. 결혼하자 마자 선교지로 달려온 부부에게 무언가를 해주고 싶었다. 그래서 하루라도 둘만의 시간을 보내라고 희망시에서 제일 좋은 호텔에 전망 좋은 방을 예약해주었다. 나는 이들 부부가 세상에서 가장 행복한 신혼여행을 온 것이 아닌가 하는 생각이 들었다. 이들은 하나님 앞에서 시작부터 함께하는 부부였다. 지금도 헌신적으로 학생들을 섬기는 부부의 모습은 나에게 깊은 감동으로 다가온다.

Before and After

반면에 나는 그러지 못했다. 나는 쇼핑광, 여행광, 결벽증 환자였다. 워낙 씀씀이가 커서 큰손으로 통했고, 대치동 아줌마들에 뒤지지 않을 교육열도 있었다. 나는 남편이 선교사로 헌신한다고 했을 때 바짓가랑이를 붙잡고 끌어내리려 했다.

중국에 선교하러 온 지도 어느덧 16년이 흘렀지만, 나의 예전 모습을 떠올리면 부끄러워 얼굴이 달아오른다. 내가 주님을 위해 사는 것이 아니라 주님이 나를 위해 계셔야 했고, 내가 사는 동안 내 힘으로 무언가를 이루려고 했다. 나는 세상으로부터 나온 육신의 욕망, 안목의 정욕과 살림살이의 자랑거리를 사랑한 사람이었다.

이 세상이나 세상에 있는 것들을 사랑치 말라 누구든지 세상을
사랑하면 아버지의 사랑이 그 속에 있지 아니하니 이는 세상에
있는 모든 것이 육신의 정욕과 안목의 정욕과 이생의 자랑이니
다 아버지께로 좇아온 것이 아니요 세상으로 좇아온 것이라

요일 2:15,16

2008년 여름, LA 지역에서 목회하시는 에브리데이교회 최홍
주 목사님이 열방학교를 방문하셨다. 교직원 수련회를 인도해주
셨는데 미국으로 돌아가서 남편에게 이메일을 보냈다.

"어제 오후에 LA로 돌아왔습니다. 참 좋은 만남이었습니다.
이번 방문을 통해 제가 크게 얻은 것은 '내 것을 다 던져야 한다.
주님께 다 드려야 한다'는 것이었습니다. 그곳에서 만난 한 분 한
분이 참으로 귀했습니다. 특히 신명나게 일하시는 최수현 사모가
참 귀합니다. 신경써주셔서 감사합니다."

남편이 내게 전달해준 최 목사님의 이메일을 보며 나는 빙긋
이 웃었다. 나를 이렇게 귀하게 봐주시는 분이 계시다니 신기하고
참 감사했다.

최 목사님은 나의 과거(Before)를 보신 것이 아니라 변화된 모
습(After)만 보셨으니 귀하다고 말씀하셨을 것이다. 하지만 나는
사도 바울의 고백처럼 '죄인 중에 괴수'라는 표현이 걸맞은 사람

이었다. 그런 내가 지금 그저 은혜로만 살고 있다.

은혜의 3단계

그때 최 목사님은 로마서 1장 말씀을 전해주셨다. 로마서 1장 에 보면 사도 바울은 로마에 몹시 가고 싶어 했다는 것을 알 수 있 다. 당시 로마가 세계의 중심지라서 그랬을까? 아니면 꼭 와달라 고 초청한 사람이 있었을까? 아니다. 바울은 단 하나의 이유 때문 에 로마에 가고 싶어 했다. 바로 복음을 전하기 위해서다. 자신이 로마 사람들에게 빚을 졌기 때문에 그 빚을 갚으러 간다고 말했 다. 은혜는 하나님께 받았는데, 빚은 왜 다른 사람에게 갚아야 하 는가?

> 헬라인이나 야만인이나 지혜 있는 자나 어리석은 자에게 다 내 가 빚진 자라 그러므로 나는 할 수 있는 대로 로마에 있는 너희 에게도 복음 전하기를 원하노라 롬 1:14,15

은혜에는 3단계가 있다. 처음 하나님의 은혜를 입고 내가 하 나님의 자녀가 되었다는 사실을 생각하면 기쁘고 행복해서 가슴 이 떨린다. 세상이 완전히 다르게 보이고 아름다운 것들로 가득한 것만 같다. 세상 만물이 나를 위해 존재하는 것 같다. 이것이 은혜의 1단계이다.

　하나님을 점점 알아가고 신앙생활을 하면서 은혜의 2단계가 시작된다. 마치 벼가 익어가며 고개를 숙이듯 겸손해지는 단계이다. 내 안이 예수님으로 채워지고 점점 예수님을 닮아가는 인생이 되고 싶어진다.

　그렇게 살다가 발견하는 진리가 있다. 내 인생이 내 것이 아니라는 것이다. 주님을 위해 희생한다는 말조차 낯간지러워진다. 내가 주님을 기쁘시게 해드리면 주께서 나를 더 기쁘게 해주시기 때문이다. 스스로 종이 되어 행복해지고, 주님을 위해 사는 것보다 더 좋은 인생은 없다는 것을 발견한다. 그러면서 내가 빚진 자라는 사실이 마음에 가득 차게 된다. 주님께 이토록 많은 은혜를 받은 것을 알고 가만히 있을 수가 없다. 이제 주님을 위해 일어나겠다는 자각이 생기기 시작한다. 이것이 은혜의 3단계이다.

　이제 은혜의 복음을 모르는 사람들에게 빚진 자가 되고 이것을 갚지 않으면 도저히 잠을 이룰 수 없을 정도가 된다. 계산해보지 않은 길을 가는데 망설임이 사라진다. 다른 사람들을 향한 섬김이 삶의 트레이드마크가 되어간다.

　그래서 사도 바울이 그토록 애타게 로마에 가려고 한 것이다.

나의 신앙 고백

나는 '죄(罪)의 노예'로부터 '의(義)의 노예'로 신분이 바뀌었다. 나 자신을 부인(否認)하면 하나님이 보인다는 것을 알게 되었다. 내 인생을 하나님께 던지면 하나님이 기쁘게 받으신다는 것을 알게 되었다. 주님 한 분 때문에 살게 된다.

'주님 먼저, 나는 나중'이라는 교훈은 이제 나의 삶이 되었다. 주님이 먼저이다보니 나의 관심사가 사라졌다. 쇼핑이 골치 아파지고, 내 눈을 즐겁게 하는 여행에 관심이 없어졌다.

성공을 좇는 자녀교육관이 사라졌다. 욕심에 갇혀 사는 자녀를 두고 볼 수 없기 때문이다. 노후를 위해 뒷주머니를 챙겨두겠다는 마음이 사라졌다. 세상 욕심을 위해 남편에게 타협하라고 말하지 않는다. 타협하는 신앙으로는 하나님이 베푸시는 기적을 경험할 수 없기 때문이다. 주님께 남편을 내놓게 되었다. '세상적' 그리스도인이 아니라 '세계적'(세계를 위한) 그리스도인이 되었다. 그리고 사명자가 되었다.

나는 죽을 때까지 복음의 빚을 갚아야 하는 인생이 되기를 소망한다. 내 인생의 우선순위는 예수님 먼저, 다른 사람들이 두 번째, 나 자신은 맨 나중이다. 그래서 나는 오늘도 다른 사람들을 섬기고 복음을 전하는 일을 멈출 수 없다.

복 있는 사람, 복 있는 삶

얼마 전에 한국의 어느 교회에서 우리 학교로 '비전트립'을 왔다. 그중에는 중고등학생을 자녀로 둔 집사님들이 꽤 많았다. 그 분들의 관심사는 비전트립보다는 '어떻게 하면 자녀들을 유학 보낼 수 있을까?'에 쏠려 있었다.

열방학교가 학생을 신앙으로 키운다는 교육 방침은 그들에게 일종의 보험일 뿐이고, 정작 그들이 관심이 있는 것은 자식을 좋은 대학에 보내는 것이었다. 선한 것으로 포장했지만 포장지를 풀어보니 자녀가 출세하는 것이 진짜 관심사였다. 우리는 그 분들에게 지식교육에 앞서 신앙교육이 얼마나 중요한지 설명했다.

사람들은 받는 것을 복이라고 생각하지만 우리는 주는 것이 복이라고 가르친다. 사람들은 좋은 대학에 보내는 것이 경쟁력이라고 말하지만 우리는 신실한 믿음이 최상의 경쟁력이라고 가르친다.

요즘 학생들은 자립심이 매우 약하다. 먹고 자는 시간 외에 오로지 공부만 하도록 부모가 모든 수발을 다 들어주기 때문이다. 심지어 부모가 집사요 권사라고 하면서, 자녀가 주일에 교회에 못 가는 한이 있어도 학원에는 꼭 보낸다고 하니 놀랍지 않은가. 이런 사랑을 하면, 자녀를 자립심 없고 독창성과 사회성이 없는 암기 기계로 만들 뿐이다. 게다가 신앙까지 전수하지 못하면 완전히 실패한 자녀교육을 하는 것이다.

우리는 이와 다른 사랑을 해야 한다. 사랑하기에 방 청소를 대신 해주지만, 사랑하기에 스스로 청소하는 습관을 길러준다. 사랑하기에 쉼도 주지만, 사랑하기에 규칙적으로 일어나게 한다. 사랑하기에 먹을 것을 주지만, 사랑하기에 절제도 키워준다. 사랑하기에 만나야 하지만, 사랑하기에 떨어져 지내기도 해야 한다. 사랑하기에 칭찬하지만, 사랑하기에 충고와 훈계도 한다. 사랑하기에 좋은 교육을 받도록 해야 하지만, 사랑하기에 가장 중요한 하나님의 말씀을 배우도록 해야 한다.

우리는 자녀에게 참된 기쁨은 주는 데서 온다는 것을 가르쳐야 한다. 인간은 본래 이기적이고 자기중심적이어서 자신에게 득이 되는 것에 관심이 있다. 더 많이 가질수록, 더 많이 배울수록 행복해질 거라고 믿기 때문이다. 이런 이기심은 우리를 행복하고 즐겁게 만들기는커녕 우리를 우울하게 만든다. 자기 자신에게만 초점을 맞추다보면 만족이 없고 더 많은 것을 원하게 되기 때문이다. 그러나 다른 사람을 '어떻게 섬길 수 있을까?'에 초점을 맞추면 하나님이 우리에게 기쁨을 주신다. 주는 것이 받는 것보다 복되다.

범사에 너희에게 모본을 보였노니 곧 이같이 수고하여 약한 사

람들을 돕고 또 주 예수의 친히 말씀하신 바 주는 것이 받는 것
보다 복이 있다 하심을 기억하여야 할지니라 행 20:35

주님이 먼저인 사람의 특징

내가 확고히 붙드는 대명제가 "주님이 먼저이고 나는 맨 나
중"이라는 것이다. 그리고 다른 사람들을 그 사이에 두겠다는 것
이다. 주님이 먼저이다보니 주님만 보이게 된다. '주님이 먼저'인
사람의 특징이 내게도 몇 가지 나타났다.

두려움과 염려가 사라진다

나는 어릴 때 심장이 약해서 잘 뛰지 못했다. 그래서인지 죽
음에 대한 생각을 많이 했다. 그것이 예수님을 영접하는 계기가
되었지만, 미래에 대한 두려움, 앞날에 대한 염려는 쉽게 가시지
않았다.

그래서 그런지 내게는 앞날을 대비해야 한다는 강박관념이
있었다. 나는 노후 대비를 위해 종신보험, 질병보험, 생명보험 등
각종 보험에 필요 이상으로 많이 가입했었다.

나는 '내일'이라는 시간이 무엇을 잡고 있는지 모른다. 하지
만 이제는 누가 내일을 쥐고 있는지를 안다. 바로 나의 주인 되시
는 예수님이 내일을 쥐고 계신다. 나는 예수님께 속한 사람이다.

따라서 염려할 이유가 없다. 나의 주인이 내일의 주인이시기도 하기 때문이다.

> 그러므로 내일 일을 위하여 염려하지 말라 내일 일은 내일 염려할 것이요 한 날 괴로움은 그날에 족하니라 마 6:34

예수님은 우리가 무엇을 먼저 구해야 하는지 분명히 말씀하고 계신다.

> 너희는 먼저 그의 나라와 그의 의를 구하라 그리하면 이 모든 것을 너희에게 더하시리라 마 6:33

최상의 계획은 내가 짜는 것이 아니라 하나님이 짜주시는 것이다. 하나님께서는 나의 인생을 향한 마스터플랜을 이미 가지고 계신다. 하나님 중심이 아니라 나 중심으로 사는 인생은 골치만 아플 뿐이다. 그리스도 안에서 미래의 불안으로부터 자유로워질 때, 우리의 마음은 새털같이 가벼워질 것이다.

하나님을 더 알게 된다

내가 하나님께 가장 감사하는 것은, 하나님께서 하나님의 사랑을 받을 가치가 없어 보이는 나를 사랑하셨다는 것이다.

우리가 아직 죄인 되었을 때에 그리스도께서 우리를 위하여 죽
으심으로 하나님께서 우리에게 대한 자기의 사랑을 확증하셨
느니라 롬 5:8

요나같이 뺀질거리던 나였다. 그런데도 주님은 나를 사랑하
시고 나를 포기하지 않으셨다. 요나는 하나님의 길을 거부했지만
하나님은 하나님이 세우신 요나를 위한 계획을 이루셨다. 하나님
께서는 하나님의 뜻이 아닌 내 고집대로 살고 있을 때에도 내가
더 빗나가지 않도록 다시금 하나님의 길로 나를 인도하셨다.

고난도 축복임을 안다

나는 내 가족의 부(富)와 번영에 익숙해져 있었다. 화목한 가
정, 남편의 승승장구, 불어나는 예금통장, 자고 나면 뛰는 부동산,
고급 취미생활 등 안전지대에 머물러 신앙생활을 하려고 했다. 선
교는 후원만 하면 됐지 내가 직접 가야 할 이유는 없다고 생각했
다. 조금이라도 고생스러운 곳에는 갈 엄두를 내지 못하던 절름발
이 신자였다.

물론 모든 사람이 나처럼 지금 있는 자리를 박차고 나와 해외

선교를 가야 한다는 말은 아니다. 우리에게는 각자 버리고 싶지 않은 안전지대가 있을 것이다. 그 자리가 어디든 그곳에서 벗어나라고 말하는 것이다.

중국에서 남편과 내가 벌어놓은 돈을 선교하는 데 다 쓰고 거의 빈손이 될 때쯤, 학생들을 위해 음식을 마련할 돈마저 다 떨어졌을 때, 그제야 나는 지금까지 내가 얼마나 많은 것을 가지고 있었는지 깨달았다.

나는 집 안을 둘러보다가 한곳에 시선이 머물렀다. 내가 보물처럼 아끼는 바이올린이었다. 그렇지만 이제는 무용지물처럼 느껴졌다. 나는 바이올린을 팔아 그 돈으로 학생들을 위해 열심히 썼다. 그날 이후 후원자가 생기는 놀라운 일도 경험했다. 하나님께서는 내 소중한 것을 내놓았을 때 엄청나게 채워주셨다.

그리스도인들은 돈, 건강, 사회적 지위 등 지상 축복만 추구해서는 안 된다. 우리가 가진 부(富)를 하나님께서 주신 줄 안다면 우리에게서 취하실 수도 있음을 알아야 한다. 우리에게는 고난도 필요하다. 축복과 고난 두 가지 모두 하나님께 있다는 주권을 인정해야 한다. 도저히 변할 것 같지 않던 나였다. 그러나 하나님께서는 나의 재물관을 포함한 모든 가치관을 새롭게 해주셨다. 모든 가치를 주님의 눈으로 볼 수 있게 해주셨다. 고난 없는 축복은 더 이상 축복이 아니다.

오직 너희가 그리스도의 고난에 참예하는 것으로 즐거워하라
이는 그의 영광을 나타내실 때에 너희로 즐거워하고 기뻐하게
하려 함이라 벧전 4:13

오직 하나님만 신뢰한다

나의 삶의 궤적을 돌아보면 영적으로 도약했던 흔적을 몇 군
데서 발견한다. 그런데 그 성장의 이면에는 늘 고난의 시간이 있
었다. 어려운 환경 속에 처할 때면 그것을 제거해달라고 처절하게
기도하기도 했다. 그러나 하나님께서는 그 환경을 나를 변화시키
시려는 기회로 사용하셨다.

지난날 내게 어려운 환경이 없었더라면, 나는 하나님 앞에서
여전히 눈물콧물 흘리며 환경을 바꿔달라고 징징거리고 있을 것
이다. 영적 성장은 그냥 이루어지지 않았다. 힘든 환경에 처할 때
환경을 바꿔달라고 기도할 수도 있지만, 이제 나는 이렇게 기도하
게 되었다.

"하나님, 이 환경을 통해 나를 변화시켜주세요!"

그 사람이 아무리 예수를 잘 믿는다고 해도 문제와 시험은 늘
있다. 문제를 해결하려고 하면 크게 두 가지 선택을 앞에 두고 있
다고 보아야 한다.

"내가 무엇을 할 것인가?"

"하나님께서 무엇을 하실 것인가?"

우리는 둘 중 하나를 선택하게 되어 있다. 내 힘으로 할 수 있을 것 같아서 하나님께 묻기도 전에 내 힘으로 해결하려고 할 때도 많다. 될 듯 하면서 안 되는 경우도 있다. 내 생각과 전혀 다르게 진행되는 것을 볼 때, 어김없이 찾아오는 손님이 '조바심'이다. 마음이 불안하고 걱정스럽고, 때로는 화도 난다. 그러다가 시간이 한참 지난 후에 깨닫는다. 하나님께서 뜻하신 방향으로 일이 진행되었다는 사실을….

따라서 내가 원하는 길로 가는 것보다 더 확실한 길은 하나님이 계획하신 그 길로 가는 것이다. 모든 문제는 하나님을 신뢰하는 기회이다. 우리가 어떤 상황과 마주한다 해도 거기에는 나의 시각이 있고 하나님의 시각이 있다. 그때에도 우리가 할 일은 하나님을 신뢰하고 그분이 어떻게 하실지 기대하는 것이다.

니희는 마음에 근심하지 말라 하나님을 믿으니 또 나를 믿으라
요 14:1

열매를 보고 알리라!

나도 한국에 있을 때 교회 여전도회 회장으로서 예수님을 전하기 위해 전도에 나선 적이 많았다. 그러나 나는 사람에게 예수님

을 보여주는 데 실패했다. 내가 구원을 받았다고 주장해도 세상 사람들과 거의 다를 것이 없었기 때문이다. 사람들은 말을 원하지 않았다. 변화된 나를 보여주기를 원했다. 내 안에 그리스도가 사시는 것을 보기 원했다. 그러나 나는 세상과 다르게 사는 그리스도인의 모습을 그들에게 보여주지 못했다.

중국에서는 법적으로 전도를 금지하고 있다. 말로 복음을 전할 수가 없다. 따라서 나는 내가 그리스도인이라는 것을 주장하지 않고 그리스도인으로 살려고 노력했다. 사람들은 나를 지켜보고 있었다. 사람들을 위하고 친절하게 그들을 섬기며 내 안에서 샘솟는 평안과 기쁨을 보여주었다. 어려움 가운데서도 감사했다. 그들 역시 내 안에 있는 평안을 궁금해 하고 부러워했다. 나는 그때 비로소 내가 믿는 예수님에 대해 나눌 수 있었다. 그들은 내 인생에서 나타나는 열매를 보았다.

이러므로 그의 열매로 그들을 알리라 마 7:20

그리스도인들은 세상 사람들을 배고프고 목마르게 만들어야 한다. 그래서 우리가 먹이고 마시게 해주어야 한다. 무엇에 배고프고 목마르게 만들어야 하는가? 바로 그리스도인 안에 있는 사랑과 기쁨을 갈구하게 하는 것이다.

세상 사람들은 성경을 읽지 않는다. 그들은 나와 같은 그리스도인을 읽을 뿐이다. 만약 그들이 내 안에 있는 것을 싫어하면 그들은 내가 소유한 분을 원하지 않을 것이다. 내가 소유한 분은 바로 예수 그리스도이시다. 세상 사람들이 우리의 삶을 통해 '예수 결핍'을 느끼도록 만들어야 한다.

오직 성령의 열매는 사랑과 희락과 화평과 오래참음과 자비와 양선과 충성과 온유와 절제니 이 같은 것을 금지할 법이 없느니라 갈 5:22,23

당신의 주인은 누구인가?

당신이 변화된 인생을 살고 싶어 해도 쉽게 되지 않을 수 있다. 그렇다면 선택을 변화시켜야 한다. 선택은 다른 말로 결단이다. 선택이 곧 변화의 시작이다. 선택은 작은 씨앗과 같다. 좋은 씨앗을 뿌리면 좋은 열매를 맺고, 나쁜 씨앗을 뿌리면 나쁜 열매를 맺게 된다. 고린도후서 9장 6절에 "적게 심는 자는 적게 거두고 많이 심는 자는 많이 거둔다"라는 말씀이 있다. 우리 인생에서 풍성한 추수를 거두고 싶다면 풍성하게 심어야 한다. 그것은 선택의 변화를 요구하는 일이다.

이제 변화를 선택해보자. 주님을 인생의 최우선순위로 둔 사람은 주님의 열매를 맺는다. 우리에게 능력 주시는 자 안에서 자유함을 누릴 수 있게 된다. 세상의 인생은 별것 없다. 내가 살아 있는 동안 내 힘으로 무언가를 이루려고 해도 남는 것은 없다. 당신의 인생은 당신 것이 아니다. 주님 것이다. 우리의 인생은 오직 주님께 드려야 한다.

예수님이 내게 부어주신 은혜는 생각만 해도 눈물이 난다. 예수님도 나 때문에 기뻐하시면 좋겠다. 이 소원이 당신에게도 있다면 다시 한번 생각해보라.

당신의 인생은 누구의 것인가?
당신 자신의 것인가?
아니면 누구의 것인가?

감사의 글

✤

나를 변화시키기 위해 오래 참으시고, 막대기 같은 나를 써주신 주님, 감사합니다. 사람 많은 곳에 가기를 그렇게 싫어했는데, 이렇게 사람들이 우글우글 모여 있는 곳으로 보내주셔서 감사합니다. 이들을 사랑할 수 있는 마음을 주시니 참으로 감사합니다.

선교지에서 보낸 16년을 돌아보며 주님이 주신 은혜가 하도 깊어 감사의 눈물로 글을 쓸 수 있었습니다. 이 책의 저작권은 오직 주님께 있습니다. 주님이 주님 마음대로 제 인생에 주님의 책을 쓰셨으니까요.

또한 이 책은 저 혼자 쓴 것이 아닙니다. 함께한 '우리'가 있었기에 세상에 나올 수 있었습니다. 이 지면을 빌어 그 분들께 감사의 뜻을 전하고 싶습니다.

사랑이 많으신 우리 시어머님! 며느리를 섬겨주신 어머님 덕분에 사랑할 줄 모르던 제가 서툴게라도 사랑하고 있습니다. "너희가 가장 인생을 잘 산다"고 격려해주시며 항상 기도로 용기를 부어주셔서 감사해요.

하늘나라에 계신 사랑하는 우리 엄마! '하나님나라가 먼저'라는 철저한 믿음으로 키워주셔서 감사해요.

철부지 아내를 은혜의 무대로 안내해준 남편 최하진 선교사! 고마